白居易传

天意君须会 人间要好诗

万曼 著

古吴轩出版社

图书在版编目（CIP）数据

白居易传 / 万曼著. -- 苏州：古吴轩出版社，2023.3
 ISBN 978-7-5546-1973-5

Ⅰ.①白… Ⅱ.①万… Ⅲ.①白居易（772-846）—传记 Ⅳ.①K825.6

中国版本图书馆CIP数据核字（2022）第136970号

责任编辑：顾　熙
见习编辑：羊丹萍
策　　划：甄　彬
装帧设计：言　成

书　　名：	白居易传
著　　者：	万　曼
出版发行：	古吴轩出版社
地　　址：	苏州市八达街118号苏州新闻大厦30F
电　　话：	0512-65233679　邮编：215123
印　　刷：	天宇万达印刷有限公司
开　　本：	880×1230　1/32
印　　张：	7
字　　数：	159千字
版　　次：	2023年3月第1版
印　　次：	2023年3月第1次印刷
书　　号：	ISBN 978-7-5546-1973-5
定　　价：	42.00元

如有印装质量问题，请与印刷厂联系：0318-5302229

前言

唐代的诗歌,经过多年的锻炼,到天宝年间(742—756),进入了黄金时代。此后体制声调,逐渐有程式化的倾向,到元和年间(806—820)才又突破藩篱,形成大变。这时的诗人,除白居易外,元稹、刘禹锡、柳宗元、韩愈、孟郊、贾岛、李贺、卢仝、张籍、王建等,都能够不因袭前人,各自开创新的诗派。许学夷在《诗源辩体》中论元和诗道:

> 退之奇险,东野琢削,长吉诡幻,卢仝、刘叉变怪,惟乐天用语流便,似若欲矫时弊,然快心露骨,终成变体。

这里的"变",就是正变①的"变",因为元和年间和天宝年间比起来,唐帝国的局面,已经日趋衰落,反映在诗歌上,自然也就不能再是恢宏壮丽的风格。所以白居易虽然"用语流便",不像以韩愈为首的那个诗派的"奇险变怪",但是在风格上还是"快心露

---

① 正变,指《诗经》的正风、正雅和变风、变雅以及遵循其创作原则的作品。

骨"的。

许学夷认为元和诗是"衰世之音",是"变",认为白居易的诗在风格上是"快心露骨"的,这种分析有他独到的地方。白居易写诗的目的既然是想要"救济人病,裨补时阙"[①],自然就言之唯恐不尽;既然是想使读者"酌人之言,补己之过"[②],自然也就言之唯恐不激。就是白居易自己,也未尝不知道这一点,他在给元稹的《和答诗十首》序中写道:

> 顷者在科试间,常与足下同笔砚,每下笔时,辄相顾,共患其意太切而理太周。故理太周则辞繁,意太切则言激。然与足下为文,所长在于此,所病亦在于此。

这就说明为了矫正当时那种畏忌慎默的"诣成之风",白居易是不得不这样的。所以直到晚年,他还认为刘禹锡那些寓愤激于婉约的句子,如"雪里高山头白早,海中仙果子生迟"和"沉舟侧畔千帆过,病树前头万木春"之类[③],是自己所不能及的。

当然我们并不希望白居易"婉约",而且按照"风格即人"的原则,白居易具有那种强烈的正义感、对恶势力始终不妥协的性格,事实上也就不能"婉约"。白居易之所以能够批判地反映他所生活的那个时代,之所以能够成为一个伟大的现实主义诗人,原因

---

① 《与元九书》。
② 《策林》六十九《采诗》。
③ 《刘白唱和集解》。

也在这里。

白居易之所以能够扩大诗的领域，把诗歌变成与一切恶势力战斗的武器，不是没有原因的。他那种正直的性格的形成，和他早年的生活是分不开的。白居易的家庭出身，在当时那个讲究门第的时代说来是卑微的。（白居易在家状中所说的从楚公族到白起一段，完全是没有根据的杜撰。就是所谓北齐五兵尚书白建为其先祖，也是没有历史依据的。所以后来白敏中做了宰相还是免不了被卢发说是"十姓胡中第六胡"[①]，被崔慎由说是"蕃人"[②]。）同时，白居易的祖父和父亲，终身也不过是州县佐贰，而且由于战乱，生活也不会是有保证的。他们的官俸也必然和当时一般官吏一样是"或削夺以过半，或停给而弥年，至使衣食不充，冻馁并至"[③]。因此白居易虽然生于新郑，但是在新郑并没有产业，所以他在过荥阳时写道"旧居失处所，故里无宗族"。他父亲在徐州做官，符离似乎置有庄园，就是所谓"别业埇城北"，可是到后来，也是"强半属他人"了。襄阳也有旧居，但是在他父亲死了以后就一无所有了，所以说是"东郭蓬蒿宅，荒凉今属谁"。下邽好像有他祖父遗留下来的田园，实际恐怕还是白居易做官以后扩充的，当时未必对生活有所补益。所以白居易在进士及第以前，一直是羁旅乞食、居无定所的。"时难年荒世业空，弟兄羁旅各西东"，这就是他早年生活的实况了。根据这种情况，我们就知道他在《与元九书》中说他初应进

---

① 王定保《唐摭言》。
② 孙光宪《北梦琐言》。
③ 《策林》三十九。

士时是"中朝无缌麻之亲,达官无半面之旧;策蹇步于利足之途,张空拳于战文之场",绝不是夸张的说法。古人说"殷忧启圣",白居易的出身和他的个人遭际,就必然使他对当时官僚政治的残暴腐朽和人民生活的苦难,有了切身的感受,坚定了和这些黑暗势力战斗的决心。

此外,白居易在诗歌上的成就,和他所生活的那个时代也是分不开的,尤其是贞元(785—805)二十年间对他的影响最大。贞元元年(785)以后的二十年间是唐帝国和藩镇势力暂时取得平衡的时期。这时唐帝国的疆土,不及天宝时三分之一,供税户也仅有天宝时四分之一,可是为了维持这残破的局面,官兵却达到八十三万人,较天宝时增加三分之一,大抵两户就要供给一个兵的费用。在这种情形之下,人民生活的苦痛是可以想象得出的。同时官僚地主又乘机兼并,广占阡陌,他们的"膏腴别墅,连疆接畛"①,甚至"京城之中,亭第邸店以曲巷断;侯甸之内,水陆腴沃以乡里计"②。贫农逃户,走投无路,除了变成大地主的庄客或佣工,受着更残酷的剥削,就只有啸聚山泽或占籍军伍两条出路了。贫富两极分化,阶级矛盾就必然日趋尖锐。白居易叙述当时的情况道:

> 洎天宝以降,政教浸微,寇既荐兴,兵亦继起。兵以遏寇,寇生于兵,兵寇相仍,迨五十载。财征由是而重,人力由是而罢。下无安心,虽日督农桑之课,而生业

---

① 《旧唐书》。
② 元稹《叙诗寄乐天书》。

不固；上无定费，虽曰峻管榷之法，而岁计不充。日削月朘，以至于耗竭其半矣。①

不但如此，德宗晚年，意气颓唐，政务荒落，除任用裴延龄从事聚敛割剥以外，对朝臣很少信任，所以元稹说："朝廷大臣以谨慎不言为朴雅，以时进见者，不过一二亲信。直臣义士，往往抑塞。"②白居易也说："顷年以来，台官空不知所取，省郎阙不知所求。岂直乏贤？诚亦废事。"③大官缺员，仕进遏塞，朝廷对人民极力压榨，对藩镇一味姑息，所以旧书史臣感慨地说："贞元之际，吾道穷矣！"贞元末年这种政治上僵化的局面所造成的危机，钱易在《南部新书》中说得最清楚：

> 贞元中，仕进道塞，奏请难行，东省数月闭门，南台唯一御史。令狐楚为桂府白身判官，七八年奏官不下。由是两河竞辟才隽，抱器之士往往归之，用为谋主，日以恣横。

这样就杜绝了新生力量的成长，使藩镇更加跋扈，所以白居易说"致使天下之聪明，尽委弃于草木中焉"④。

---

① 《才识兼茂明于体用科策一道》。
② 元稹《叙诗寄乐天书》。
③ 《策林》三十一《大官乏人》。
④ 《为人上宰相书》。

总之，贞元年间，是一个无论在哪方面都令人感到绝望的时期。白居易的个性和诗歌，就是在这个黑暗的时期经受了一定的锻炼，到元和年间，像火中莲似的灿烂开放。他的伟大的诗篇，像《长恨歌》《新乐府五十首》《秦中吟十首》等，都是创作于贞元、元和年间的作品；就是针对贞元年间的弊政，从中显示出白居易政治主张的《策林》，也是在这个时期写的。贞元二十年间郁积在白居易心里的愤慨，在元和初年完全爆发了。

当然，白居易不会突破历史环境，白居易的思想也不会突破他所生存的那个时代的局限性。白居易的所谓"兼济天下"，必须是"时之来也"，然后才能"陈力以出"。和大多数的人道主义者一样，白居易虽然同情人民的疾苦，虽然想使人民摆脱剥削和重压，但是归根结底，还是认为要由当时的政权自上而下地来实现。"好皇帝"思想，白居易也一样是有的。这样，一切美好的理想就完全寄托在一个虚幻的基础上，其结果是必然破灭的。所以白居易在被贬江州后，心情虽然还是激愤的，但是不久就甘为"雾豹""冥鸿"，终于是"回向南宗禅"了。不过，我们应该注意的是白居易能够始终坚持真理，始终不向恶势力妥协的伟大的精神。唐文宗太和年间（827—835），白居易声望已高，仕进本无问题，但是他不愿意像元稹、牛僧孺、李宗闵等那样有始无终，坚决引退，甘心废弃。表面上看来是消极的，但是这种不能兼济，宁可独善的不合作态度，仍然延续了他早年的主张，是具有一定的积极因素的。而且他那种关怀人民，企图在一切可能的范围内为人民减少一些疾苦的意志，无论在朝或是在野，始终未变。直到七十三岁的高龄，他还为了减少

劳动人民的痛苦,在龙门开凿了八节石滩。这不应该被看作一件小事,他在《开龙门八节石滩诗二首》的序言中说:

> 从古有碍之险,未来无穷之苦,忽乎一旦尽除去之。兹吾所用适愿快心、拔苦施乐者耳。

我们读到这里不能不被白居易那种无可奈何的悲悯心情所感动。白居易晚年的作品,虽然表面上是优游暇豫的,但是仔细咀嚼,总会感觉到在他那些闲适的诗篇中隐藏着一种苦味,感觉到一位拥有伟大人格的诗人不幸生于那个时代的一种寂寞。这种悲哀,难道是白居易一个人的悲哀吗?

不过,白居易晚年的诗作却常常引起一些人的误解。王世贞说:"(乐天)晚更作知足语,千篇一律。"[①] 叶燮也认为:"其中颓唐俚俗十居六七,若去其六七,所存二三,皆卓然名作也。"[②] 大致总是以为白诗是用意相同而篇什太多。这点白居易自己也未尝不知道,他早在《与元九书》中就说:

> 凡人为文,私于自是,不忍于割截,或失于繁多。其间妍媸,益又自惑。必待交友有公鉴无姑息者,讨论而削夺之,然后繁简当否,得其中矣。况仆与足下为文尤患其多。已尚病之,况他人乎?

---

① 王世贞《艺苑卮言》。
② 叶燮《原诗》。

所以白诗倘若遗留到现在的不是三千多篇，而仅是那些公认为名作的二三百篇，自然白居易就更伟大。可是仔细想一下就会知道，如果真是这样，我们对白居易这人的认识，就必然不会像现在这样亲切真实。赵执信说"诗中有人"[1]，白居易是通过他的诗作把他的人格和思想上的变化全部无遗地显示给读者的。真正是"凡平生所慕、所感、所得、所丧、所经、所逼、所通，一事一物已上，布在文集中，开卷而尽可知也"[2]。这就不仅是研究白居易传记的人感兴趣而已。

此外，关于白诗，自苏轼提出"元轻白俗"的说法以来，也引发了一些错误的看法，认为白居易的诗是俚俗的。这当然不值一辩，但是由此引申而认为白居易的写作是容易的，那就是片面的看法了。宋人由于大捧韩愈，对白居易自然不能了解，其实白诗表面上看好像容易，实际却全是经过烹炼的。清朝时就渐渐有人理解这一点，所以薛雪说："元、白诗言浅而思深，意微而词显，风人之能事也。至于属对精警，使事严切，章法变化，条理井然，其俚俗处，而雅亦在其中。杜浣花之后，不可多得者也。盖因元和、长庆间，与开元、天宝时，诗之运会，又当一变，故知之者少。"[3] 赵翼也说白诗是："无不达之隐，无稍晦之词，工夫又锻炼至洁，看是平易，其实精纯。"[4] 我们决不能因为"庄士雅人"反对白诗的通俗

---

[1] 赵执信《谈龙录》。
[2] 《醉吟先生墓志铭》。
[3] 薛雪《一瓢诗话一则》。
[4] 赵翼《瓯北诗话二十六则》。

就认为白诗是缺乏艺术性的。刘禹锡赞美白诗的风格时说"郢人斤斫无痕迹，仙人衣裳弃刀尺"，这是真正能够说出白诗的优点来的。总之，白居易写诗的目的既然是"补察时政，泄导人情"，在形式上就不可能再是佶屈聱牙的。白诗在当时究竟是得到广大人民群众喜爱的，这是所谓"庄士雅人"所无法改变的。

至于杜牧引李戡之言"纤艳不逞，非庄士雅人，多为其所破坏"，甚至恨恨地说"吾无位，不得用法以治之"，这种说法有人认为是杜牧借李戡之口挟嫌污蔑，但是不管怎样，这是一点儿也不会损害白居易诗歌的价值的。皮日休在《论白居易荐徐凝屈张祜》文中写道：

> 元白之心，本乎立教，乃寓意于乐府雍容宛转之词，谓之讽谕，谓之闲适。既持是取大名，时士翕然从之。师其词，失其旨，凡言之浮靡艳丽者，谓之元白体。二子规规攘臂解辩，而习俗既深，牢不可破，非二子之心也。

这不啻是针对前面的说法替白居易做了辩解。

总之，白居易的生活表面上虽然是放逸的，骨子里却是严正而有所不为的。郭沫若在《关于白乐天》一文中叙述片山哲对白居易的评价道：

> 白乐天是深切地同情劳动人民的；他的心境洁白，没有自私自利的污浊的想念，他的这种心境，也充足地表现

在他的闲适类的诗中。白乐天是"大众的诗人",是"为劳动人民祈幸福的和平诗人",是"清廉洁白、毅然有所自立的诗人"。

我们在读过白诗后就会知道这话能够从表象透入本质,说明白居易的为人。

目录 CONTENTS

一　早年的遭际　　　　　001

二　三登科第　　　　　　011

三　翰林学士　　　　　　023

四　惟歌生民病　　　　　037

五　从退居到谴黜　　　　053

六　天涯沦落　　　　　　065

七　在忠州　　　　　　　079

八　宦途气味已谙尽　　　091

九　未厌余杭　　　　　　103

十　两请长告　　　　　　117

十一　再授太子宾客分司　　　129

十二　老戒　　　143

十三　满头霜雪半身风　　　153

十四　寂寞的晚年　　　161

附录　　　171

　　白居易年谱　　　171

　　旧唐书·白居易传（节选）　　　180

　　新唐书·白居易传（节选）　　　184

　　白居易诗选　　　187

早年的遭际

天赋异禀
少年诗人
受人赏识

　　772年，白居易诞生于郑州新郑。白居易天赋异禀，五六岁便学为诗，曾用所作的《赋得古原草送别》拜见顾况，受到顾况的赏识。

唐代宗大历七年（772）正月二十日，诗人白居易（乐天）诞生于郑州新郑。

白居易在群从间排行第二十二，是他父亲的第二个儿子，他还有一个哥哥，名叫白幼文。他诞生的那年，父亲白季庚已经四十四岁，母亲陈氏却才十八岁。此外，祖父白锽①（官至河南府巩县令）是六十七岁，祖母薛氏②是六十五岁。还有外祖母白氏，因为外祖父已经故去，白居易的母亲又没有兄弟姊妹，外祖母便也回到娘家，帮助白居易的母亲照顾白居易弟兄。

白居易的祖父和外祖父都是诗人。据说他祖父有文集十卷③，可是并没有流传下来。他外祖父名叫陈润，做过坊州鄜城令，现在在《全唐诗》里还保留着他的八首诗。

白居易从小就很聪明，他后来回忆他幼年生活时写道："仆始

---

① 白锽，字确钟，是白温的第六子，明经出身，做过鹿邑县尉、洛阳县主簿、酸枣县令，后充滑台节度参谋，终河南府巩县令。详见白居易《故巩县令白府君事状》。
② 薛氏是河南县尉薛俶的女儿。
③ 《故巩县令白府君事状》："幼好学，善属文，尤工五言诗，有集十卷。"

生六七月时,乳母抱弄于书屏下,有指'无'字、'之'字示仆者,仆虽口未能言,心已默识。后有问此二字者,虽百十其试,而指之不差。"① 这话自然也不是毫无根据的。

白居易出生的年代,正当安史之乱之后。当时表面上是比较平定的,但是黄河以北,仍为安史旧将李宝臣、李怀仙、田承嗣等所盘踞。同时梁崇义占有襄、邓、均、房、复、郢等州,李正己占有淄、青、齐、海、登、莱、沂、密、德、棣等州,再加上吐蕃连年入侵,取兰、廓、河、鄯、洮、岷、秦、成、渭等州,陇右地方完全陷没;凤翔以西,邠州以北,都不再为唐帝国所有。其他地方,像淮南、浙东、剑南、岭南,也都有变乱。唐帝国仅仅依靠汴、宋、徐、泗间一条运河对江南人民进行残酷地剥削压榨,才勉强维持住这战后的残破局面。据当时的记载:天宝十三载(754)唐帝国全盛时人口有五千二百八十八万,到广德二年(764),人口便仅有一千六百九十二万。根据这个数字,我们可以想象十年以来唐帝国衰落得多么厉害。河南是大战中心,人民所遭受的灾难就更厉害了。当时刘晏在给元载的信里这样说:"函陕凋残,东周(洛阳)尤甚。过宜阳、熊耳,至武(虎)牢、成皋,五百里中,编户千余而已。居无尺椽,人无烟爨,萧条凄惨,兽游鬼哭。"② 虽然如此,变乱并没有结束,第二次大战正在酝酿。

唐德宗建中元年(780),白居易的父亲白季庚由宋州司户参军改授徐州彭城县令。徐州本属汴宋留后田神玉。大历十一年

---

① 《与元九书》。
② 《旧唐书·刘晏传》。

（776），田神玉卒，李灵曜乘机据汴、宋、曹、濮、兖、郓、徐、泗八州作乱，唐代宗便派李正己和其他四节度使讨伐李灵曜。李灵曜之乱被平后，李正己又乘机占得了曹、濮、徐、兖、郓五州，加上他原来的淄、青等十州，便拥有十五州。所以白季庚做彭城令的时候，徐州早属李正己。徐州刺史便是李正己的从父兄李洧。

当时藩镇，除李正己最强以外，田承嗣已死，他的侄儿田悦仍然据有魏、博、相、卫、洺、贝、澶七州；李宝臣也死了，他的儿子李惟岳也仍然据有恒、易、赵、定、深、冀、沧七州；梁崇义有襄、邓、均、房等六州，算是比较弱的。唐德宗即位以来，很想逐渐削平藩镇，不过李正己和其他人互相勾结，不好动手。只有梁崇义孤悬一隅，兵势又最弱，所以唐德宗在建中二年（781）便派李希烈督率大兵讨伐梁崇义。李正己为了响应梁崇义，便也派兵扼住徐州甬桥、涡口，截断汴河饷运。正在这紧张的时候，不料李正己忽然死了，只好由他儿子李纳继领军务。结果李希烈攻破襄阳，梁崇义投井自杀。白季庚便乘此机会劝说李洧，以徐州甬桥、涡口归唐。这样江淮漕运才又通畅。唐德宗因为白季庚有说降李洧的功劳，就擢拜白季庚为徐州别驾并赐绯鱼袋。

不久，李洧死了，由州将高承宗继任。兴元元年（784）高承宗又死了，由他的儿子高明应继任。这时白季庚似乎仍在徐州①。

---

① 白居易在《襄州别驾府君事状》中说："贞元初，朝廷念公前功，加检校大理少卿，依前徐州别驾、当道团练判官，仍知州事。"所录制书也说："宜崇亚列，再贰徐方。"白季庚在徐州连任两次，至少也有七八年光景。所以高明应主事时，白季庚当仍在徐州，后改衢州别驾。

贞元四年（788），唐德宗听了李泌的话，改高明应为金吾将军，另派张建封为徐泗濠节度使镇徐州①。白季庚这时也由于任满，改除检校大理少卿，兼衢州别驾。

白季庚在徐州期间，唐室又大乱。建中三年（782），朱滔自称冀王，田悦称魏王，王武俊杀了李惟岳称赵王，李纳称齐王；同时朱滔、田悦等人又共同劝李希烈称帝，于是李希烈便自称天下都元帅、建兴王。

建中四年（783），李希烈攻陷汝州，夺取尉氏，包围郑州。十月，泾原兵变，唐德宗奔奉天，泾原兵拥朱泚为帝。十二月，李希烈攻陷汴州。兴元元年（784），朱泚更国号曰汉，改元天皇。李希烈在汴州也做了皇帝，国号大楚，改元武成。

由于战事临近新郑，白居易和他的家人大概就在这个时候（782年左右）离开新郑搬到徐州符离，因为白居易后来从苏州返洛阳时写的《宿荥阳》诗中说："去时十一二，今年五十六。"782年，白居易正好是十一岁。

此前，白居易家比较重要的事情，除了上述白季庚的事迹以外，还有就是在大历八年（773）五月三日，他的祖父白锽在长安病殁，享年六十八岁，葬在华州下邽县。大历十二年（777），祖母

---

① 贞元四年，李泌说德宗云："江淮漕运，以埇桥为咽喉，地属徐州，邻于李纳。刺史高明应年少不习事，若李纳一旦复有异图，窃据徐州，是失江淮也，国用何从而致？请徙寿、庐、濠都团练使张建封镇徐州，割濠、泗以隶之，复以庐、寿归淮南，则淄青慑息而运路常通，江淮安矣。及今明应幼騃可代，宜征为金吾将军。万一使他人得之，则不可复制矣。"德宗从之。

薛氏死在新郑，享年七十岁，就暂时葬在新郑县临洧里。白居易的祖先原来是太原人，后来移籍同州，到白居易的曾祖父，又搬到下邽。所以白居易有时自称为太原人，有时又自称为下邽人。

白锽夫妇有五个儿子，长子就是白季庚；次季般，徐州沛县令；次季轸，许州许昌令；次季宁，河南府参军；次季平，乡贡进士。不过白居易在诗文中很少提到他这些叔父，所以详细情况都不清楚。白锽还有一个兄弟叫白鳞，做过扬府录事参军；白鳞的儿子白季康，做过宣州溧水令；白季康的儿子就是白敏中，后来做过武、宣、懿三朝的宰相。

此外，在大历十一年（776），白居易得了一个弟弟，小名阿怜，就是后来的诗人兼小说家白行简[1]。在白居易十一岁之前，我们只知道他五六岁时便学作诗，九岁就懂得声韵[2]，可见白居易成为诗人也绝不是偶然的。

白居易到符离以后，不久就到江南去了。十五岁的时候写下《江南送北客因凭寄徐州兄弟书》：

　　故园望断欲何如，楚水吴山万里余。
　　今日因君访兄弟，数行乡泪一封书。

这是现在保存在《白氏文集》中最早的一首诗。

---

[1] 白行简（776—826），字知退。唐文学家。元和初进士，授校书郎，历官左拾遗、司门员外郎、主客郎中等职。
[2] 《与元九书》。

白居易在江南的时候，他父亲任衢州别驾。衢州属浙江东所管，当时的浙东观察使是皇甫政。此外白季康一支也多在江南做官。所以白居易常常往来于浙、皖、赣之间。苏、杭二州，也是白居易常去的地方。当时苏州刺史是诗人韦应物，杭州刺史是房琯的儿子房孺复，一个好诗，一个嗜酒，给白居易这个少年留下很深的印象①。直到二十岁左右，中原平定，白居易才又回到符离。这就是他在《江楼望归（时避难在越中）》诗中所说的"悠悠沧海畔，十载避黄巾"了。

白居易从十五六岁就开始折节读书了。曾经用所作的诗文谒见顾况。顾况非常赏识他的《赋得古原草送别》的前四句：

离离原上草，一岁一枯荣。
野火烧不尽，春风吹又生。

这就加强了白居易的信心。因此到符离以后，他就"昼课赋，夜课书，间又课诗，不遑寝息矣"②。由于太用功了，以至于念书念得

---

① 《吴郡诗石记》中说："贞元初，韦应物为苏州牧，房孺复为杭州牧，皆豪人也。韦嗜诗，房嗜酒，每与宾友一醉一咏，其风流雅韵，多播于吴中，或目韦、房为诗酒仙。时予始年十四五，旅二郡，以幼贱不得与游宴，尤觉其才调高而郡守尊。"按韦应物改任苏州刺史在贞元四年（788），这里所说的"年十四五"，其实应该是十七岁。后面又说"相去三十七年"，白居易825年为苏州刺史，上数三十七年，亦当为788年。"十四五"是不确定的口气，"相去三十七年"却是肯定的说法。所以白居易旅苏杭当在他十七岁的时候。

② 《与元九书》。

"口舌成疮"，写字写得"手肘成胝"。这虽然说得有些夸张，但是总也看出他苦读的情况来了。和白居易在符离一起攻读的有张彻、贾𫠦等，后来都陆续进士及第。在符离，除了读书以外，陴湖、濉水，以及武里村、流沟寺的山都是他们游踪常到的地方。①

在这个时期，白居易又遭遇了一件不幸的事情。就是在贞元八年（792），白居易的小弟白幼美死了。白幼美小名叫金刚奴，兴元元年（784）生，死时才九岁，死后就暂时葬在符离濉南古原上。

就在贞元八年（792）的正月，由于曹王李皋的逝世，襄州军乱。乱事平定后，唐德宗改派荆南节度使樊泽为襄州刺史、山南东道节度使。白季庚由于衢州别驾任满，便改除襄州别驾，算来应该就在这个时期前后。樊泽的儿子就是樊宗师，后来白居易在诗里常常提到他，想来也就是在这个时期结识的。

白季庚任襄州别驾时期，白居易也去过襄州。所以后来在去江州时有《再到襄阳访问旧居》一诗，诗里说："昔到襄阳日，髯髯初有髭。"髭须初生，料想当时白居易不过是二十多岁的年纪。

不料贞元十年（794）五月二十八日，白居易的父亲白季庚在襄州任上逝世了，享年六十六岁。死后无力搬运灵柩，权窆于襄阳县东津乡南原。白季庚死后，家计当然逐渐艰窘。同时因为在丁忧期间，白居易也不能应试。三年服满，白居易才再从事举业。这就是他在《与元九书》中所说的"家贫多故，二十七方从乡试"了。

---

① 《醉后走笔酬刘五主簿长句之赠，兼简张大、贾二十四先辈昆季》中说："陴湖绿爱白鸥飞，濉水清怜红鲤肥。"又说："北巷邻居几家去，东林旧院何人住？武里村花落复开，流沟山色应如故。"

这时白居易的生活，因为没有诗文可资探讨，所以都不十分清楚。白家似乎没有再回符离而就近搬到洛阳了。他大哥白幼文服满后任饶州浮梁县主簿，家庭生活便完全依靠白幼文的俸禄。《伤远行赋》中说"分微禄以归养""自鄱阳而归洛阳"，便是白居易自述从浮梁负米还乡的情形。

总之，白居易在登进士第以前的生活是流离转徙、居无定所的。"离乱失故乡，骨肉多散分。江南与江北，各有平生亲。"① 这就是诗人早期生活的真实写照了。

---

① 《朱陈村》。

历史的温度

白行简

白行简的《李娃传》，恰可与《霍小玉传》成一对照。《霍小玉传》为一不可挽回的悲剧，《李娃传》却是一个情节很复杂的喜剧。

行简字知退，诗人居易弟，与李公佐为友。元和十五年（820）授左拾遗，累迁司门员外郎，主客郎中。宝历二年（826）卒（白行简附见《旧唐书》卷一六六及《新唐书》卷一一九《白居易传》中）。

此传作于贞元十一年（795），是其早年之笔。叙李娃的多情，郑子的能悔过，颇能谐合俗情；故剧场上至今犹演唱此故事不绝。（元石君宝有《曲江池》剧，明薛近兖有《绣襦记》传奇，也衍此事。）行简此作，文甚高洁，描叙也甚宛曲动人，与《小玉传》同是唐人传奇文里最高的成就。他又有《三梦记》，叙次也很有趣，且是近代心理学上的很好的资料。

——节选自郑振铎《中国文学史》

三登科第

- 年轻进士
- 任校书郎
- 交游元稹

从800年至806年,白居易三登科第,一时风光无限。三十二岁的白居易担任秘书省校书郎,在长安定居期间,他结交了不少好朋友,和元稹的友谊尤为深厚。

贞元十五年（799），白居易的大哥白幼文做饶州浮梁县主簿。春天，白居易前往浮梁，随即在宣城应乡试，为宣歙观察使崔衍所贡。白居易这次在宣城，结识了后来牛李党争中的要人杨虞卿。

也在这一年秋天，白居易的从祖兄，即乌江十五兄逝世了。这个乌江十五兄不知道叫什么名字。白居易在《祭乌江十五兄文》中有这样一段话：

> 白居易与兄及高九、行简，虽从祖之昆弟，甚同气之天伦。……追思乎早岁离阻，各悲零俜。中年集会，共喜长成。同参选于东都，俱署吏于西京。居则共被而寝，出则连骑而行。友于四人，同年成名。优游笑傲，怡怡弟兄。虽不侔八龙三虎，亦自谓当家一时之荣。

这段话可以补充白居易在登进士第以前的一段史料。所谓"友于四人"，除了高九、白行简和乌江十五兄以外，不知还有何人。

二　三登科第

由于叙述简单，详细情况无法了解。

这个乌江十五兄，旧业在洛阳，年未四十岁，身殁陵阳，旅殡宣城。

白居易参加完宣城乡试后返回了洛阳。①当时母亲有病，生活艰难，虽然有白行简照顾，白居易仍是放心不下。道路茫茫，负米还乡，真是"虽则驱征车而遵归路，犹自流乡泪之浪浪"②了。

贞元十六年（800）春，白居易到长安应省试，知贡举是中书舍人高郢。同登进士第者中后来和白居易有关系的有杜元颖、吴丹、郑俞等。唐代的科举制度，从贞观以来，就以明经和进士二科最为士族所趋。开元以来，进士科更为高贵，所以当时俗话说："三十老明经，五十少进士。"意思就是说明经及第，三十岁已嫌太晚；至于进士，五十岁登第还算不迟。明经差不多十人中就可以取中一人。进士就不然了，每年全国贡举总在两千人以上，少也不下一千人，登第的却不过百分之一。所以沈既济论词科说："进士为士林华选，四方观听，希其风采。每岁得第之人，不浃辰而周闻天下。"贞元以后，历朝宰相差不多都是进士出身，所以进士一科就更为士族逐竞的中心。白居易的祖父白锽、父亲白季庚都是明经出身，所以终身不离县令郡佐。群从弟兄以及白幼文是吏途出身，不过县尉主簿而已。从白居易起，随后白行简和从父弟白敏中都登进士第，白家的形势就和过去不同了。

---

① 《伤远行赋》说："昔我往兮，春草始芳；今我来兮，秋风其凉。"《寄江南兄弟》也说："忽忆分手时，惘默秋风前。"这证明白居易返洛当在秋天。

② 《伤远行赋》。

高郢下进士共十七人，白居易以第四名及第。这时白居易已经二十九岁，但是在十七人中还是最年轻的。所以他有诗说"慈恩塔下题名处，十七人中最少年"。及第后，白居易就回家归觐。《及第后归觐，留别诸同年》云：

> 十年常苦学，一上谬成名。
> 擢第未为贵，贺亲方始荣。
> 时辈六七人，送我出帝城。
> 轩车动行色，丝管举离声。
> 得意减别恨，半酣轻远程。
> 翩翩马蹄疾，春日归乡情。

就在这年春天，白居易又去江南。"孤舟三适楚，羸马四经秦"①，就是针对他在长安定居以前的三次南游说的。白居易本来是由宣州贡举，所以又到宣城，有诗《叙德书情四十韵上宣歙崔中丞》。崔中丞就是崔衍，白居易就是由他荐举及第的。白居易这时虽然登第，但是"霄汉程虽在，风尘迹尚卑"，所以仍然是"敝衣羞布素，败屋厌茅茨。养乏晨昏膳，居无伏腊资"的；他在诗里很希望崔衍能够相马怜瘦，呼鹰及饥，及时地加以提拔。

白居易在宣城不久，就又去饶州浮梁他大兄处。贞元十七年（801）写的《祭符离六兄文》中说"去年春，居易南游，兄亦东

---
① 《朱陈村》。

适,黟歙之间,欣然一觏",就是记述在去浮梁的路上遇见符离六兄的事情。

秋天,又到符离,在《乱后过流沟寺》中说:"九月徐州新战后,悲风杀气满山河。"因为贞元十六年(800)张建封死,徐州军乱。九月以后,张建封的儿子张愔知留后,乱事平定,所以诗里说"九月徐州新战后"。直到801年春,白居易仍在符离,有《祭符离六兄文》①可证。

登进士以后的这三年里,白居易除了去过上述的地方外,似乎还去过襄阳一带,因为集中有《题故曹王宅(宅在檀溪)》和《自江陵之徐州路上寄兄弟》。不过时间没法确定,也许是过去在襄阳时的作品。

贞元十八年(802)冬,应吏部试。第二年春天,登书判拔萃科,授校书郎。

这次同年登科的共八人:博学宏词科是吕炅、王起,拔萃科是白居易、李复礼、吕颖、哥舒恒、元稹、崔玄亮。②主考官是吏部侍郎郑珣瑜。白居易和其他七人都成为朋友,而和元稹、崔玄亮友谊尤为深厚。

校书郎属秘书省。秘书省也叫兰台,又叫麟台,管理一切图书

---

① 《祭符离六兄文》说:"春草之中,画为墓田,濉水南岸,符离东偏,其地则迩,其别终天。惟弟与家人,俨哭拜于车前。"
② 元稹《酬哥舒大少府寄同年科第》诗自注云:"同年科第,宏词吕二炅、王十一起,拔萃白二十二居易,平判李十一复礼、吕四颖(一作颍,又作颎)、哥舒大恒(一作烦,又作垣)、崔十八玄亮逮不肖八人,皆奉荣养。"

典籍。长官是秘书监和少监，其次是秘书丞、秘书郎，再其次便是校书郎和正字了。校书郎有时是八人，也有时是十人。官阶是正九品上。职务是校雠典籍，刊正文章。同登科八人，大概除了李复礼和哥舒恒以外，都是校书郎。另外还有刘公舆、刘敦质和张仲元，也是同时期的校正。

这时白居易赁得常乐里故关相国（指关播）的私第东亭居住，有《常乐里闲居，偶题十六韵，兼寄刘十五公舆、王十一起、吕二炅、吕四颖、崔十八玄亮、元九稹、刘三十二敦质、张十五仲方，时为校书郎》一诗，记录了他当时生活的情况：

> 帝都名利场，鸡鸣无安居。
> 独有懒慢者，日高头未梳。
> 工拙性不同，进退迹遂殊。
> 幸逢太平代，天子好文儒。
> 小才难大用，典校在秘书。
> 三旬两入省，因得养顽疏。
> 茅屋四五间，一马二仆夫。
> 俸钱万六千，月给亦有余。
> 既无衣食牵，亦少人事拘。
> 遂使少年心，日日常晏如。
> 勿言无己知，躁静各有徒。
> 兰台七八人，出处与之俱。
> 旬时阻谈笑，旦夕望轩车。

> 谁能雠校间，解带卧吾庐。
>
> 窗前有竹玩，门外有酒沽。
>
> 何以待君子，数竿对一壶。

常乐里第原来有一丛竹子，由于无人管理，已经枝叶殄瘁，斩刈殆尽。白居易住进去以后，大加疏理，居然也很可观。他在《养竹记》中说明他之所以喜爱竹子，就是因为它"本固性直，心空节贞"，看见了它，仿佛看见了一些有节操的人，可以时时砥砺自己。不仅如此，他在和元稹定交以后，也经常用秋竹来互相督促。他在《赠元稹》中说："无波古井水，有节秋竹竿。"元稹在《种竹》里也说："昔公怜我直，比之秋竹竿。"白居易在《酬元九对新栽竹有怀见寄》中又说："共保秋竹心，风霜侵不得。"都是用竹互相策勉的。

白居易经过三十年来艰苦生活的锻炼，养成孤直、不妥协的性格。又因为多年来和人民的接触，他对于当时人民生活的痛苦是有着亲身的感受的，所以一旦登朝，总想"欲以济天下憔悴之人死命万分之一分"。但是自贞元以来，"畏忌慎默之道长，公议忠谠之路塞"，士大夫多半是因循苟且，"全身远害而已矣"。[①] 这就使白居易越想改变当时的风气，越要以孤直自励，不肯苟和，所以他在《折剑头》中写道：

[①]《为人上宰相书》。

> 我有鄙介性，好刚不好柔。
> 勿轻直折剑，犹胜曲全钩。

白居易在做校书郎以前，友伴并不多。后来的许多朋友差不多都是在这个时期结识的。除了上述的一些人以外，还有元宗简、李绅、辛丘度、庾玄师等。他们这时虽说是做官，其实没有什么事情可做，于是长安城中，像曲江、杏园、慈恩寺、黄子陂，以及唐昌观、崇敬寺等地方，便成了他们经常聚会的处所。

贞元二十年（804），白居易又从洛阳、符离等处把家属搬到长安附近下邽老家。那地方是在渭河北岸，靠近蔡渡。

贞元二十一年（805）正月，唐德宗李适逝世。唐德宗继续肃宗、代宗以来的残破局面，起初好像是很想振作一番，但是事实上不外是加强对人民的剥削作为他削平藩镇的资本。结果不仅是人民在他那各种各样的苛捐杂税[①]的压榨下无法生活，就是一般战士也是"食且不饱"。削平藩镇只是梦想，藩镇反而各自独立称王，如朱泚、李希烈相继自称为皇帝。直到贞元二年（786），朱泚、李希烈之乱才相继平定。但是李希烈死后，吴少诚杀陈仙奇自为留后，申、光、随、蔡，仍非唐有，河北、淄青，依然如故。因此，唐德宗便更厉害地继续压榨剥削人民，以便支援战争，维持他的专制政权。所以唐德宗在位的二十几年，人民仍然是处于水深火热之中的。

[①] 有所谓富商钱、僦柜质钱、间架税、除陌钱法等，甚至下令凡蓄积钱帛菽麦者一概征借四分之一。

二　三登科第

唐德宗死后,他的儿子唐顺宗李诵继位。顺宗任用王叔文等,首先对贞元以来毒害人民的事情大加革除,其次便想逐渐剥夺宦官的兵权。当时韩泰、韩晔、柳宗元、刘禹锡等也都想乘机有所作为。但是唐顺宗从贞元二十年(804)九月得了风疾以后,失声不能言语,始终不好,于是宦官俱文珍、刘光琦等便迫使顺宗改以太子李纯为皇帝,自称太上皇。唐宪宗李纯即位后,凡是顺宗时的要人,一体贬斥。除王叔文贬为渝州司户外,其余如韦执谊贬为崖州司马,韩泰贬为虔州司马,韩晔贬为饶州司马,柳宗元贬为永州司马,刘禹锡贬为郎州司马。顺宗在位总共不过八个月,像一场暴风雨似的倏忽就过去了。所以在这次政变中,白居易只是因为校书郎快要任满,从常乐里搬到永崇里华阳观和元稹一起积极准备应制举。

制举在唐朝是由皇帝自诏开选,对待非常之士的一种特科。现在保留在《白氏文集》中的《策林》四卷,便都是白居易准备制举的材料,可见他当时用功的情况。据白居易自己说,是"攻文朝矻矻,讲学夜孜孜",闭户累月,揣摩当代之事的。但是由于政局变化,试期屡改。直到元和元年(806)四月,宪宗才策试举人,仍因顺宗未葬(顺宗是这年正月死的),仍由宰相监试。白居易和元稹都应的是才识兼茂明于体用科。

结果共录取十八人:计第三次等[①]元稹、韦惇(后因避宪宗讳改名处厚),第四等独孤郁、白居易、曹景伯、韦庆复,第四次等

[①] 唐代制科照例是没有第一、二等的。

崔韶、罗让、崔护、元修、薛存庆、韦珩，第五上等萧俛、李蟠、沈傅师、柴宿。另外还有达于吏理、可使从政科第五上等陈岵、萧睦。[1] 依等授官，元稹为左拾遗，白居易为盩厔尉。[2]

---

[1] 《唐河南元府君夫人荥阳郑氏墓志铭》序中说："今天子始践祚，策三科以拔天下贤俊。中第者凡十八人，稹冠其首焉。"就是指这次制科。但策三科似应为策二科。

[2] 该月辛酉日诏："其第三次等人委中书门下优与处分，第四等、第四次等、第五上等中书门下即与处分。"

历史的温度

唐代的科举

唐代科举有常举和制举两种。

常举每年举行考试，分为秀才、明经、进士、明法、明书、明算等科。应考的有国子监和州、县学的生徒，也有不在学中自己向州、县报名的乡贡。地方的贡士须经州考试合格，才举送到中央。中央主持诸科考试的，起初是吏部的考功员外郎，玄宗以后，移归礼部侍郎。……进士考试，唐初主要考试对策，从八世纪初年开始，着重诗赋的创作，相对艰难。到后来，重要官员大多出身于进士，"是以进士为士林华选"，考上进士的被视为"登龙门"。

制举是由皇帝临时定立名目、下令考选的。名目至多，有文辞清丽科、博学通艺科、武足安边科、军谋越众科、才高未达沈迹下僚科、高蹈丘园科、贤良方正能直言极谏科等百数十种。

——节选自汪篯《汪篯汉唐史论稿》

翰林学士

朝廷苛政
直言敢谏
交恶宦官

  在盩厔为官时期,白居易和农民的接触增多,见证了朝廷的苛政,体会到了百姓的疾苦。白居易的直言敢谏,既未得到唐宪宗的肯定,又遭到宦官们的憎恶。

盩厔县，在当时属京兆府。县尉的职掌，是"分判众曹，收率课调"①。公务鞅掌，比起校书郎来，繁剧多了。同时又因为县尉事实上等于是皇帝的差科头，自然和农民接触的机会就多些。一方面对朝廷的功令不能不遵守，另一方面对农民的艰苦生活又不能不同情，在这个矛盾中，我们相信白居易是非常痛苦的。尤其是当时的和籴制度，就更使白居易痛心。

　　和籴就是由官方在"两和商量"的情况下收买农民的农作物。天宝年间，由于关中缺粮，不足以供养军队，所以由少府出钱，米便宜的时候，加价而籴；米贵的时候，减价而粜。这种举措一方面调剂了农民生活，另一方面也解决了关中缺粮的问题，本来是一个很好的制度。但是从唐德宗以来，所谓和籴，便完全不是那么一回事了：名义是和籴，事实上等于强取，不但不按规矩给价，而且还要农民把粮食送到京西行营，结果是"车摧马毙，破

---

① 《新唐书·百官志》。

产不能支"①。

白居易对于和籴的害民曾亲身经历过,现在却在功令的压制下,不得不向农民索米,白居易怎能不痛苦万分?所以后来任左拾遗时,他在《论和籴状》中说:

> 臣久处村间,曾为和籴之户,亲被迫蹙,实不堪命。
> 臣近为畿尉,曾领和籴之司,亲自鞭挞,所不忍睹。

因为这时所谓的和籴,早不是"两和商量,然后交易"的了,据白居易说,是:

> 但令府县散配户人,促立程限,严加征催;苟有稽迟,则被追捉,迫蹙鞭挞,甚于税赋。号为和籴,其实害人。

白居易是"备谙此事,深知此弊"的,现在却自领和籴之司,即使照顾到人民的痛苦,他的心情自然也不会是愉快的。

《观刈麦》就是这时的作品。农民们"足蒸暑土气,背灼炎天光"已经是够辛苦的了,但是还有"家田输税尽",不得不抱着孩

---

① 《资治通鉴》:"上畋于新店,入民赵光奇家。问:'百姓乐乎?'对曰:'不乐。'上曰:'今岁颇稔,何为不乐?'对曰:'诏令不信。前云两税之外悉无他徭,今非税而诛求者殆过于税。后又云和籴,而实强取之,曾不识一钱。始云所籴粟麦纳于道次,今则遣致京西行营,动数百里,车摧马毙,破产不能支。愁苦如此,何乐之有?每有诏书优恤,徒空文耳。'"

子拾穗的贫妇人。想起自己不事农桑,却"吏禄三百石,岁晏有余粮",不得不"念此私自愧,尽日不能忘"了。

此外,《宿紫阁山①北村》也是这时的作品。这是使当时"握军要者切齿"②的一篇名作。

> 晨游紫阁峰,暮宿山下村。
> 村老见予喜,为予开一樽。
> 举杯未及饮,暴卒来入门。
> 紫衣挟刀斧,草草十余人。
> 夺我席上酒,掣我盘中飧。
> 主人退后立,敛手反如宾。
> 中庭有奇树,种来三十春。
> 主人惜不得,持斧断其根。
> 口称采造家,身属神策军。
> 主人慎勿语,中尉正承恩。

贞元时,神策军分左、右两厢,是皇帝的禁军,从代宗以来,都是由宦官做统帅,叫作护军中尉③。这时的左神策护军中尉是吐突

---

① 紫阁山在盩厔附近。《县西郊秋寄赠马造》云"紫阁峰西清渭东",就是这个紫阁山。
② 《与元九书》:"闻宿紫阁村诗,则握军要者切齿矣。"
③ 《旧唐书·职官志》:"贞元中,特置神策军护军中尉,以中官为之,时号两军中尉。贞元已后,中尉之权倾于天下,人主废立,皆出其可否。"

承璀，右神策护军中尉是薛盈珍。所谓"握军要者切齿"就是说宦官们闻宿紫阁村诗而切齿。孤寒新进的白居易，在此后许多年中与宦官势力的斗争，可以说是从这首诗开始的。

在盩厔，白居易又结交了一些新的朋友，比较知名的有王质夫、陈鸿等人。

806年的冬天，白居易与友人同游仙游寺。因为那地方离马嵬坡很近，大家谈起天宝遗事，感慨唏嘘。王质夫劝白居易写诗纪念，于是白居易便写下了《长恨歌》。这首诗在当时流传得非常广泛，给白居易带来很高的声誉。

元和三年（808），白居易和杨氏结婚，杨氏是杨虞卿的从父妹，杨汝士的妹妹。当时白居易是三十七岁。

在结婚的前一年，即807年秋天，白居易为府试官。试毕，帖集贤院校理。十一月四日又从集贤院召赴银台候进旨，五日召入翰林，奉试制诏五首，六日授翰林学士。

翰林院在右银台门内，是专掌内制的，所以当时称之为"内相"。与白居易同时入院的学士有李程、王涯、裴垍、李绛、崔群等六人。元和三年四月二十八日改授左拾遗，仍充翰林学士。①

左拾遗是谏官，属门下省。据唐《六典》说：

> 左右拾遗掌供奉讽谏，凡发令举事，有不便于时、不合于道者，小则上封，大则廷诤。

---

① 《重修承旨学士壁记》："白居易，元和二年十一月六日，自盩厔县尉充；三年四月二十八日，迁左拾遗；五年五月五日，改京兆府户曹参军，依前充。"

所以白居易在《初授拾遗献书》中说：

> 倘陛下言动之际，诏令之间，小有阙遗，稍关损益，臣必密陈所见，潜献所闻。

不料就在白居易迁左拾遗的那个月里，发生了一件大事。

元和三年（808）四月，唐宪宗策试贤良方正能言极谏科举人，陆浑尉皇甫湜对策，语言激切。伊阙尉牛僧孺、前进士李宗闵也苦诋时政。考策官吏部侍郎杨于陵、吏部员外郎韦贯之奏居上第，唐宪宗也照例诏令中书，优与处分。这事本来已经了结，但是当权的宦官们却认为被忤犯了，宰相李吉甫也嫌他们的语言太激烈，宪宗没办法，只好把考策官杨于陵出为岭南节度使，韦贯之出为果州刺史，在路上又再贬为巴州刺史。翰林学士裴垍和王涯是覆策官，裴垍既无所异同，王涯又没有事先声明皇甫湜是他的外甥，因此也都罢去翰林学士，裴垍除户部侍郎，王涯贬虢州司马。同时贬官的，据白居易《论制科人状》说，还有卢坦、王播等人。

这件事，旧日的史书记载都不十分清楚。事实上这是当时三种势力的一次斗争，制科案不过是导火索而已。

唐宪宗即位以后，羡慕唐太宗贞观年间的政治，很有效法太宗的决心，因此便提拔了一些公忠正直的新进分子为翰林学士，像裴垍、李绛、崔群都是宪宗比较信任的人物。白居易从盩厔尉很快地入充学士、迁左拾遗，也是这个缘故。但是从代宗、德宗以来，禁军掌握在宦官手里，宦官的势力很大。就是唐宪宗本人，也是在俱文珍、刘光琦、薛盈珍等宦官帮助之下才得做皇帝的，所以有时就连皇帝对宦官也是无可奈何的。这个我们可以从唐宪宗后来被宦官杀害，以及穆宗以后许多皇帝都是由宦官所立这些事实上得到证明。可是以裴垍为首的一些新进，却无不主张裁抑宦官，因此便和宦官对立起来。

另外一派，便是以李吉甫为代表的旧官僚。这些人表面上好像依违在这两者之间，实际上都是投靠宦官以保持自己的禄位的。牛僧孺和李宗闵的策文没有流传下来，我们细看皇甫湜的对策，究竟不过是一些普通语言，不会有什么大妨碍；可是有这样几句话：

   夫褰狖亏残之微，褊险之徒，皂隶之职，岂可使之掌王命，握兵柄，内膺腹心之寄，外当耳目之任乎？此贞夫义士所以寒心销志，泣愤而不能已者。

所谓忤犯权幸，就是因为这些话忤犯了宦官，这个"权幸"不是《资治通鉴》所说的李吉甫。李翱《杨于陵墓志铭》序中说的"会考制举人，奖直言策为第一，中贵人大怒"就可以证明。不过李吉甫由于皇帝比较喜欢这些新进的人物而最终倒向宦官一边，自然也是事实。后来几十年中牛李朋党间的相互倾轧，也可以说是从这里开始的。至于唐宪宗本人，虽然由于宦官的要挟，不得不贬斥了一些有关的人物，但究竟是倾向于裴垍这一边的。所以到九月就以裴垍为中书侍郎同平章事，出李吉甫充淮南节度使。

当时白居易和裴垍都是翰林学士,所以在裴垍出院后,白居易就上书说:

> 故比来众情私相谓曰:此数人者,皆人之望也。若数人进,则必君子之道长;若数人退,则必小人之道行。

因此如果这样做,就必然使"直道者疢心,直言者杜口"。并且他说:

> 臣昨在院,与裴垍、王涯等覆策之时,日奉宣令臣等精意考覆。臣上不敢负恩,下不忍负心,唯秉至公,以为取舍。

说明自己曾和裴垍共同覆策,如果裴垍因此出院,那么:

> 则臣等见在四人,亦宜各加黜责。岂可六人同事,唯罪两人?

唐宪宗自然不能收回成命,可是也并不黜责白居易。但是我们可以想象得出来,宦官们对白居易是要再度"切齿"了。

元和四年(809),成德节度使王士真死了,他的儿子王承宗自为留后。河北三镇本来早就是这样父死子继的,唐宪宗却想乘这个机会向王承宗割取德、棣二州,派薛昌期为德、棣二州观察使。不料王承宗反而派兵到德州把薛昌期囚禁起来。唐宪宗大怒，决定讨伐王承宗，派左神策中尉吐突承璀为左右神策、河中河阳浙西宣歙等道赴镇州行营兵马招讨处置等使。

讨伐王承宗这件事，李绛和白居易都不赞成。因为这时魏博田季安、卢龙刘济、平卢李师道、淮西吴少诚，对于唐朝都是半独立的状态。宪宗即位后虽然平定了刘辟、李锜等，但是大举收复河北还成问题。宪宗不只不听，而且还派了宦官吐突承璀做统帅，所以白居易上奏说：

> 然则兴王者之师，征天下之兵，自古及今，未有令中使专统领者。今神策军既不置行营节度使，即承璀便是制将；又充诸军招讨处置使，即承璀便是都统。岂有制将、都统而使中使兼之？臣恐四方闻之，必轻朝廷；四夷闻之，必笑中国；王承宗闻之，必增其气。国史记之，后嗣何观？陛下忍令后代相传，云以中官为制将、都统，自陛下始？

其他一般谏官御史，也都认为不可。宪宗不得已，仅削去吐突承璀四道兵马使，改处置为宣慰，实际上还是统帅。李绛极言宦官骄横，侵害政事，谗毁忠贞，唐宪宗也不以为意。

元和五年（810）春天，又发生了元稹和宦官刘士元在敷水驿争厅的事件。

元稹制举及第后擢左拾遗，由于资性锋锐，遇事风生，不甘心碌碌守职,所以数月之间上封事六七件。他虽然很受唐宪宗重视,可是遭到执政者的疑忌,所以在元和元年(806)已经贬授河南尉,随即丁母忧离官。

元和四年(809),元稹服除后,又授监察御史出使东川,劾奏剑南东川节度使严砺违制擅征赋税,又籍没涂山甫等八十多家田产。那时严砺已死,结果七州刺史皆受责罚。使还,分司东都(洛阳)。

元和五年(810)春,因为河南尹房式有不法事,元稹便以监察御史的身份,擅令停务。朝廷以为不可,罚元稹一季俸,并且召还西京。走到敷水驿,后到的中使刘士元和元稹争厅。元稹不让,刘士元便破门呼骂而入,用马鞭打伤了元稹的脸。回京后,朝里却以元稹少年后辈,擅作威福,将其贬为江陵府士曹参军。翰林学士李绛、崔群都以为元稹无罪。白居易也连上三状论元稹事,宪宗不听。

白居易在第三状中说:

> 昨者,元稹所追勘房式之事,心虽奉公,事稍过当;既从重罚,足以惩违。况经谢恩,旋又左降;虽引前事以为责词,然外议喧喧,皆以为元稹与中使刘士元争厅,自此得罪。至于争厅事理,已具前状奏陈。况闻刘士元踏破驿门,夺将鞍马,仍索弓箭,吓辱朝官。承前已来,未有此事。今中官有罪,未见处置;御史无过,却先贬官。……臣恐从今已后,中官出使,纵暴益甚;朝官受辱,

必不敢言。纵有被凌辱殴打者,亦以元稹为戒,但吞声而已。

从上边这些事情中,我们可以看出当时的新进,像裴垍、崔群、白居易等和宦官之间斗争的激烈。而另外一些旧官僚,像裴均、于頔、王锷等,都是历任节度使,同时也是当时的巨富。他们一方面用财货勾结宦官,各自求得左右仆射或同平章事,另一方面也用财货讨好唐宪宗。白居易有《论于頔裴均状》《论王锷欲除官事宜状》《论裴均进奉银器状》等,都是同当时这种旧官僚势力做斗争的。

从元和四年(809)秋天开始讨伐王承宗,一年多之后,仍是毫无成效。白居易又连上三状请罢兵。当时唐宪宗每有军国大事,必定和翰林学士们商量。在宪宗召对的时候,白居易因直率地讨论当时形势,当面指出唐宪宗的错误,使宪宗很不高兴。事后宪宗密召翰林承旨李绛,说白居易是小臣,出言不逊,应该把他从翰林院撵走。幸而李绛加以解释,白居易才得以无事。

讨伐王承宗终究没有成功,只好讽令上疏待罪,仍以德、棣二州归王承宗。王承宗当然答应,于是罢诸道兵,赏赐将士布帛二十八万端匹,所费军需无算。

吐突承璀返京,仍充左军中尉。裴垍、李绛都以为吐突承璀首倡用兵,结果并无成功,即使不加杀戮,也应该加以贬黜,怎能仍居原职。唐宪宗只好罢免吐突承璀的中尉,降为军器使。

元和五年(810),白居易左拾遗任满,应当改官。唐宪宗对崔群说："居易官卑俸薄，拘于资地，不能超等，其官可听自便奏来。"白居易便引姜公辅的例子，要求改为京兆府判司，因为俸禄稍多，可以养亲。五月，除白居易为京兆府户曹参军，仍充翰林学士。左拾遗是从八品上，京府参军是正七品下，所以白居易说是"资序相类"。唐朝的制度，翰林院并不隶属中书、门下等三省，翰林学士也不是官，经常都是以他官充任。白居易先是以盩厔尉充，后来改以左拾遗充，现在只是又以京兆府户曹参军充任罢了。

八月，裴垍得风疾，不久罢相。唐宪宗便以比较老成的权德舆为礼部尚书同平章事；随后又召回淮南节度使李吉甫，再为中书侍郎同平章事。元和六年（811）春天，李绛也因为被宦官排挤，出翰林院为户部侍郎。

可是唐宪宗不甘心把政权完全交给旧官僚和宦官，所以到年底，就又把吐突承璀出为淮南监军，用李绛和权德舆、李吉甫三人并为宰相。因为权德舆年迈，结果自然造成李绛和李吉甫对峙的局面。唐宪宗就是这样利用这三种势力的矛盾来维持他的帝权的。

白居易本来是新进分子，在朝廷上既受宦官们"切齿"，又为旧官僚所不容，唯一的依靠便是唐宪宗的信任。既然唐宪宗不喜欢白居易的耿直，白居易自然就很难有所发展。但是由于李绛拜相，白居易自然还有进行政治活动的可能。不料在元和六年（811）四月，白居易的母亲逝世了，白居易丁忧，退居下邽。

白居易的母亲是利州刺史陈璋的孙女、坊州鄜城县令陈润的女儿，于元和六年（811）四月三日殁于长安宣平里第，享年五十七岁，葬在下邽义津乡北原。

白居易下邽旧宅，在渭河北岸，地名蔡渡，即所谓"旧居清渭曲，开门当蔡渡"[1]。

白居易这年四十岁。

---

[1] 《重到渭上旧居》。

历史的温度

唐代的学校

在唐代，中央的国子监统管国子学、太学、四门学、律学、书学和算学。州、县有州学、县学。不论中央或地方的学校，生徒入学都有等级的限制。入国子学的限于文武官三品以上和国公的子孙等，入太学的限于四品、五品官和郡公、县公的子孙等。四门学的一部分生徒来自六品、七品官和侯、伯、子、男的儿子，另一部分生徒取自经过严格审查的庶人家庭的青年。在律学、书学、算学学习的是八品、九品官之子和学习相应专门学问的一般人。八品、九品官之子不需经过挑选就可以进入州、县学。州、县的另一些生徒由地方官吏选取所在城市的地主子弟充当。

国子、太学、四门和州、县学的生徒主要学习儒家经典。律学、书学、算学的生徒学习专科业务。学生每旬给假一日，假前举行考试。五月给田假，九月给授衣假。每年年终以前，举行一次总考。学成的生徒保送参加常举考试。在学不遵师教、假违程限、作乐杂戏、律学六年无成、诸学九年无成以及连续三年考入下等的，勒令退学。

——节选自汪篯《汪篯汉唐史论稿》

(四)惟歌生民病

- 创作巅峰
- 民生疾苦
- 乐府诗歌

　　807年到811年,这短短的几年,不仅是白居易政治生活最辉煌的时期,同时也是他诗歌创作的黄金时代。他将老百姓的苦难写入诗篇,创作了著名的《新乐府五十首》。

白居易从元和二年（807）十一月六日自盩厔尉充翰林学士，直到元和六年（811）四月三日丁忧出院，实际上是三年半的样子，不过通连前后算来是跨过五个年头，所以他自己说："何事赤墀上，五年为侍臣。"①这短短的几年，不仅是白居易政治生活最辉煌的时期，同时也是他诗歌创作的黄金时代。他在这个时期所写的诗歌，首先就是他那轰动当时的《秦中吟十首》。关于《秦中吟十首》这一组诗，除了前边的小序外，他在《伤唐衢二首》中有这样的记述：

> 忆昨元和初，悉备谏官位。
> 是时兵革后，生民正憔悴。
> 但伤民病痛，不识时忌讳。
> 遂作秦中吟，一吟悲一事。

---

① 《自题写真》。

> 贵人皆怪怒，闲人亦非訾。
> 天高未及闻，荆棘生满地。

　　这也就是他在《与元九书》中说的："闻《秦中吟》，则权豪贵近者相目而变色矣。"我们知道，封建制度本来就是官僚主义的温床。官僚主义的处世秘诀之一，就在于"畏忌慎默""全身远害"，最忌讳谈什么人民病痛和生活真实。白居易由于早年的颠沛生活，对于当时人民的苦难是熟悉的。一旦束带登朝，看见权豪贵近那种骄奢淫逸的生活，看见他们那么无耻地糟蹋劳动人民用血汗所生产出来的农作物和工艺品，白居易便不能不气愤，不能不说话。因此，他便把唯一的希望和幻想寄托在皇帝身上，想通过诗歌"使下人之病苦闻于上"。所以他说他写这些诗的目的，便是"惟歌生民病，愿得天子知"。

　　《秦中吟十首》中最完整同时也最激切的，就是《重赋》。唐朝从德宗以来，除了正税以外，藩镇为了讨好皇帝，常常在税外另有进奉，美其名曰"用度羡余"，其实不过是向人民加强剥削的代名词。皇帝有了这项额外收入，当然也就不便问它的来路；而藩镇剥削来的财物，自然也不是全部进奉皇帝，往往进奉的不过十分之一，其余大部分还是归入私囊。藩镇这样，递层而下，州县胥吏，那就必然越来越狠，结果劳动人民就只有"幼者形不蔽，老者体无温"，终年辛苦，一无所有了。"夺我身上暖，买尔眼前恩"这话就沉痛地说出了郁积在人民心里的愤怒。全诗都用代言体，事实上它代表了当时一般劳动人民的心声。

此外,《轻肥》那首诗,虽然结尾说"是岁江南旱,衢州人食人",事实上却是痛恨那些飞扬跋扈的宦官们。《歌舞》也是如此,"岂知阌乡狱,中有冻死囚"之外,主要是讽刺了那些尸位素餐、草菅人命的秋官廷尉以及朱紫公侯。(白居易有《奏阌乡县禁囚状》,专论阌乡禁囚事。)

《伤宅》《不致仕》《立碑》,也都讽刺了权豪贵近生活的庸俗卑鄙。有的贪恋富贵,因循禄位;有的朱门甲第,用劳动人民的血汗来喂养自己,而死后却要颠倒黑白,刊石立碑,用他生前剥削来的臭钱,令文人为他写"谀墓文",妄想勋德千古!

还有《议婚》一篇,是谈到妇女问题的。白居易对于封建社会中被压迫的妇女,也常常在他的诗词里流露不平的愤慨和深切的同情。他的《妇人苦》中有这样一段:

妇人一丧夫,终身守孤子。
有如林中竹,忽被风吹折。
一折不重生,枯死犹抱节。
男儿若丧妇,能不暂伤情?
应似门前柳,逢春易发荣。
风吹一枝折,还有一枝生。

说明妇女的地位和男人的不平等。

《买花》一诗最好,从一个田舍翁的角度写出统治阶级的生活侈靡。"一丛深色花,十户中人赋。"长安城里那种纸醉金迷的奢华,就是建立在对劳动人民穷凶极恶的剥削上的。

白居易在《秦中吟十首》中，虽然否定了一般骄奢淫逸的权豪贵近，但是肯定了望江县令麹信陵①和那生死不变的任公叔与黎逢②。白居易就是因为痛恨权贵的横行，所以在他的诗里对那些默默无闻的有一善可取的人物都加以表扬。像"业文三十春"的张籍③，"其道直如弦"的孔戡④，"誓心除国蠹"的阳城⑤，"五十寒且饥"的唐衢⑥，都有诗赞颂。甚至在《赠樊著作》中，希望樊宗师把这样的人物"编为一家言，以备史阙文"。从这里可以看出诗人爱憎的标准，是从人民的利益出发的。

白居易在写了《秦中吟十首》以后，元和四年（809）又创作了规模更大的《新乐府五十首》。之所以叫作乐府，是希望能够

---

① 麹信陵，贞元元年（785）进士，做过舒州望江县令。洪迈《容斋五笔》云："信陵以贞元元年（785）鲍防下及第，为四人，以六年（790）作望江令。读其《投石祝江文》云：'必也私欲之求，行于邑里，惨黩之政，施于黎元，令长之罪也。神得而诛之，岂可移于人以害其岁？'详味此言，其为政无愧于神天可见矣。至大中十一年（869），寄客乡贡进士姚辉，以其文示县令萧缜，缜辍俸买石刊之。乐天十诗，作于贞元、元和之际，距其亡十五年耳，而名已不传。《新唐·艺文志》但记诗一卷，略无他说，非乐天之诗，几于与草木俱腐。"
② 黎逢，《全唐诗》："黎逢，登大历十二年（777）进士第。诗二首。"任公叔，不详。
③ 张籍，白居易同时代诗人。
④ 孔戡，卒于元和五年（810），享年五十七岁。韩愈有《唐朝散大夫赠司勋员外郎孔君墓志铭》。
⑤ 阳城，字亢宗，《旧唐书》卷一百九十二有传。
⑥ 唐衢，应进士不第，能为歌诗，意多感发，见人文章，有所伤叹，读讫必哭，涕泗不能已。无官而终。

"播于乐章歌曲";写作目的,是"为君,为臣,为民,为物,为事而作,不为文而作"的。"非求宫律高,不务文字奇。惟歌生民病,愿得天子知。"

元稹在《和李校书新题乐府十二首》序中说:

> 余友李公垂贶余乐府新题二十首,雅有所谓,不虚为文。余取其病时之尤急者,列而和之,盖十二而已。

李绅的《新题乐府二十首》,今已不见。三个人中,李绅、元稹所作,似乎在前。白居易后来在戏赠元九(稹)和李二十(绅)诗中的自注说:"李二十常自负歌行,近见予乐府五十首,默然心伏。"所以说"苦教短李伏歌行"。白居易早年很喜欢给朋友起绰号:李绅生得短小,所以称为短李;辛丘度迂阔,所以叫迂辛。此外如窦巩不善辞令,白居易就叫他嗫嚅翁。

《新乐府五十首》中,较有名的是《新丰折臂翁》《杜陵叟》和《卖炭翁》。

《新丰折臂翁》是记述"天宝大征兵"的时候,一个用自戕的方法躲避兵役的新丰老翁的惨痛遭遇。

天宝十载(751),鲜于仲通率兵八万伐南诏(古国名),结果大败,全军覆没。唐玄宗觉得丢了面子,便下诏募兵击南诏,但是没有人肯应征。于是杨国忠便派御史分道捕人,强制送军。于是行者愁怨,父母妻子牵衣相送,到处哭声震野。这样拼凑了十万人,天宝十三载(754)再伐南诏。结果又是全军覆没。当时诗人,像杜甫、李白、刘湾等都有诗记载这个惨剧。刘湾的《云南曲》说：

> 白门太和城，来往一万里。
> 去者无全生，十人九人死。
> 岱马卧阳山，燕兵哭泸水。
> 妻行求死夫，父行求死子。
> 苍天满愁云，白骨积空垒。
> 哀哀云南行，十万同已矣。

从此两河壮丁，征发殆尽。所以到天宝十四载（755），安禄山起兵，很顺利地就占领了洛阳。

到白居易写诗的时候，那位自戕的老翁已经八十八岁了，但是说起当时的大征兵，还是谈虎色变的。当时由于"兵部牒中有名字"，他只好在深夜里用一块石头把自己的胳膊捶断，才免掉"身死魂孤骨不收"的灾难。现在虽然遇到风雨阴寒，"直到天明痛不眠"，但是"痛不眠，终不悔，且喜老身今独在"。

《杜陵叟》写的是"伤农夫之困也"，和《秦中吟十首》中的《重赋》一样，却是从另一个角度来写封建统治阶级对农民的无情的剥削。即使遇到旱灾霜害，也无人申报，依然是急敛暴征，农民只好"典桑卖地纳官租"。这事也是有根据的。贞元二十年（804）春天大旱，京兆尹李实（嗣道王）只顾着聚敛进奉，所以不报灾。德宗询问时，李实说，今年虽旱，可是禾苗甚美。于是租税全不免除。农民无告，只好彻房瓦木，卖麦苗来供赋敛。优人成辅端因戏作语云：

> 秦地城池二百年，何期如此贱田园。
> 一顷麦苗伍石米，三间堂屋二千钱。

这类描写人民艰苦之状的诗有数十首。李实大怒，说成辅端非议朝政。德宗便下令杖杀。韩愈当时是监察御史，上疏称京畿百姓穷困，今年的税钱和草粟等，凡是交不出的请俟来年蚕麦。不料却因此忤犯李实，被贬为阳山令。韩愈赴江陵途中所作诗，有一段说到这件事：

> 是年京师旱，田亩少所收。
> 上怜民无食，征赋半已休。
> 有司恤经费，未免烦征求。
> 富者既云急，贫者固已流。
> 传闻闾里间，赤子弃渠沟。
> 持男易斗粟，掉臂莫肯酬。
> 我时出衢路，饿者何其稠？
> 亲逢道边死，仁立久咿嗄。
> 归舍不能食，有如鱼中钩。

韩愈的诗，语言已经非常婉转了。但是面对那种惨痛的事实，他却不能无动于衷。也就是白居易在《杜陵叟》中所说的"十家租税九家毕,虚受吾君蠲免恩"。在那假仁义的"德音"下来以后,人民在贪官污吏的催逼下,早已彻屋卖田,甚至卖掉子女交完租税了。所以诗里说:

> 剥我身上帛,夺我口中粟。
> 虐人害物即豺狼,何必钩爪锯牙食人肉?

《卖炭翁》是讽刺宫市的。所谓宫市,也是德宗以来的弊政。说明白一点儿,就是派宦官在宫外抑买人物。用值百钱的东西,买人家值千钱的东西,甚至只将一些旧衣败缯胡乱用红紫色染一下当作新缯。不但如此,还要勒索进奉门户和脚价钱。人民拿东西到市上卖,常常有空手而归的。说是宫市,其实是抢夺。《旧唐书》中有这样的记载:

> 尝有农夫,以驴驮柴,宦者市之,与绢数尺,又就索门户,仍邀驴送柴至内。农夫啼泣,以所得绢与之,不肯受,曰:"须得尔驴。"农夫曰:"我有父母妻子,待此而后食。今与汝柴,而不取直而归,汝尚不肯,我有死而已。"遂殴宦者。

《卖炭翁》讲述的也是类似的情形。卖炭翁趁着天寒大雪,从南山赶着牛车把炭运到城里,但是两个宦官却连牛带炭一齐夺走。最后,牛角上"半匹红绡一丈绫"便当了炭值。除了卖炭翁没有殴击宦官外，其余差不多完全相同。

此外，《阴山道》也是值得注意的一首诗。

唐朝平定了安史之乱，多由回纥兵的帮助。所以回纥一向以平乱的功劳要挟唐朝，除了一般的赐赉外，主要的就是"以马和市缯帛"。每一匹马换五十匹绢。每次马来，动以万计。可是马太多了，对唐朝却没有用处，虽然屡次限制，回纥的马还是源源而来。那些买马的绢，当时是要出在老百姓身上的。所以这笔不公平的交易给予人民的灾害，也不下于租税。

更严重的是回纥从此就垄断了中国对外的缯帛贸易。并且回纥的马，经过长途跋涉，来到长安，早已疲疾不堪。所以说是"飞龙但印骨与皮"。换马的缯帛，也因为人民不堪压榨，不免偷工减料，变成"疏织短截充匹数""藕丝蛛网三丈余"。马来疲瘦，缣去疏短，本来倒也公平。但是唐帝不嫌马瘦，回纥却诉称缯帛太差。回纥从肃宗以来，就是和唐朝和亲的。肃宗的女儿宁国公主、德宗的女儿咸安公主，都嫁给了回纥可汗。所以诗里说："咸安公主号可敦，远为可汗频奏论。"回纥嫌缯帛不好，便要咸安奏论，唐宪宗只有再压迫人民，"仍诏江淮马价缣，从此不令疏短织"。

差不多半个世纪，中国的对外贸易就是这样在一些昏聩的唐朝皇帝手里，换得一些"养无所用"的羸马，断送得干干净净，同时给人民造成莫大的损失。

另外还有一首题名《西凉伎》的，也和《阴山道》一样，是洋溢着爱国主义精神的作品。

唐朝从安史之乱后，河陇尽失，疆域缩小。像河南北、申蔡

等五十余州,早就不是唐朝政令所能及。西北也仅以泾、陇、灵、宁等州为界,离长安远的不过千里,近的只有几百里。所以诗里说:

> 凉州陷来四十年,河陇侵将七千里。
> 平时安西万里疆,今日边防在凤翔。

虽然如此,一般将帅却宴饮嬉戏,丝毫不以国耻为念。"纵无智力未能收,忍取西凉弄为戏!"这是多么沉痛的语言。

还有《城盐州》,也是说明唐朝对外政策的软弱无能。而一般边将却是"相看养寇为身谋,各握强兵固恩泽"。至于《法曲歌》《胡旋女》《时世妆》等,也都有着一种对唐风式微的沉痛。

《新乐府五十首》中,《红线毯》和《缭绫》这两首诗更进一步对帝王生活的侈靡加以讽刺。因为像那样任意地糟蹋工人们的制成品,白居易是不能忍受的。"地不知寒人要暖,少夺人衣作地衣。"荒淫无耻的帝王怎会知道"丝细缲多女手疼,扎扎千声不盈尺",工人们在制作时有多么辛劳呢?

谈妇女问题的,有《上阳白发人》《母别子》《陵园妾》《井底引银瓶》等。其中《盐商妇》一首,更应该注意。这首诗不单描写盐商们怎样玩弄女性,同时也对当时那些聚敛的幸臣加以攻击。唐朝自安禄山变乱以来,兵连祸结,几十年来不得宁静。结果是入不敷出,常税之外不得不依靠商业税挹注。但是商人狡猾,不像农民那样老实。以盐商为例,就是"每年盐利入官时,少入官家多入私"。官和商狼狈为奸，遭殃的还是劳动人民。当时除白居易外，刘禹锡有《贾客词》，元稹有《估客乐》，都说明了当时一般豪强大贾勾结权豪贵近，岂止玩弄妇女，就是州吏县胥，也要为之"奔走极使令"了。

总之，《新乐府五十首》的内容是非常广泛的，所涉及的问题也是很多的。白居易的目的，是想通过这些作品来规刺讽议，希望"言者无罪闻者诫"，达到"下流上通上下泰"的效果。但是实际情形却恰好相反，"岂图志未就而悔已生，言未闻而谤已成矣！"①。说明在封建社会中，一切反动势力盘根错节地纠缠在一起，任何人想替人民说话，在当时是决不能幸存的。这就是为什么白居易从此就断绝了仕进的念头。

这个时期的创作，除上述的《秦中吟十首》和《新乐府五十首》以外，还有《和答诗十首》，是和答元稹的。元和五年（810），元稹由监察御史贬授江陵府士曹参军，对白居易来说是很受刺激的。元稹后来虽然因为依附宦官获得相位，为当时士林所不齿，但是在赴江陵以前，却是疾恶如仇，最为白居易所倾倒的。白居易的《赠元稹》把元稹比作"无波古井水，有节秋竹竿"；《代书诗一百韵寄微之》说他：

正色摧强御，刚肠嫉喔咿。
常憎持禄位，不拟保妻儿。

---

① 《与元九书》。

所以他在新昌北门外和元稹话别以后，怀念元稹的诗很多。和答诗也不外互相鼓励，所谓"有以张直气而扶壮心也"。

另外，我们要注意的是白居易的一些读史诗，如《杂兴三首》《读史五首》《有木诗八首》《读汉书》《叹鲁二首》和《杂感》。从这些诗里，我们可以看到白居易的彷徨迟疑，信心已经消失，无常之感袭来。什么是真理？什么是正义？对他来说，整个历史是一片漆黑，没有道理可讲的。

> 季桓心岂忠，其富过周公。
> 阳货道岂正，其权执国命。①

反过来说：

> 展禽胡为者，直道竟三黜。
> 颜子何如人，屡空聊过日。②

"楚怀放灵均"，还可以说是国政荒淫；贾谊遇到了汉文帝，为什么也"谪置湘之阴"③呢？至于"都尉身降虏，宫刑加子长。吕安兄不道，都市杀嵇康"，就更是"犬啮桃树根，李树反见伤"④，所谓

---

① 《叹鲁二首》。
② 《叹鲁二首》。
③ 《读史五首》。
④ 《杂感》。

城门失火，殃及池鱼了。

> 禾黍与稂莠，雨来同日滋。
> 桃李与荆棘，霜降同夜萎。①

什么是忠？什么是邪？"茫茫天地意，无乃太无私。"本来是"种兰不种艾"，可是"兰生艾亦生"，结果是"香茎与臭叶，日夜俱长大"。这时候，互相交附，清浊不分。"锄艾恐伤兰，溉兰恐滋艾"，到头必定是"兰亦未能溉，艾亦未能除"。②君子和小人永远是同生共长，混淆不清。

这些诗歌连读起来，仿佛是读屈原的《离骚》，也仿佛读《天问》。历史和现实，不仅使白居易感到"愤愤令人悲"③，细想起来，还不禁"涕泗满衣裳"④了。

白居易从左拾遗改授京兆府户曹参军以后，意气已渐消沉。他虽然还是供直翰林，可是除了直宿、草制以外，已经不大言事了。在他母亲逝世以前，白居易的健康也成问题，所以说是"旬月来，多乞病假"⑤。他有一首诗，叫作《病气》：

---

① 《读汉书》。
② 《问友》。
③ 《读汉书》。
④ 《杂感》。
⑤ 《和答诗十首》序。

自知气发每因情,情在何由气得平?

若问病根深与浅,此身应与病齐生。

那样的时代,那样的环境,白居易不得不病了!

历史的温度

新乐府运动

贞元、元和之际,社会经济逐渐恢复繁荣,唐王朝的经济、军事力量也在加强。一些关心国家命运的士大夫,看到唐朝"中兴"有望,就要求改良政治。他们以学习陈子昂和杜甫为号召,提出"文章合为时而著,歌诗合为事而作"的主张,发起了新乐府运动。

白居易(772—846)和元稹(779—831)是新乐府运动的核心人物。他们写了很多讽喻诗,白居易的《秦中吟十首》和《新乐府五十首》是这些诗的代表作品。犀利的观察力,平易通俗的风格,强烈对比的手法和"一吟悲一事"的结构是《秦中吟十首》和《新乐府五十首》的特色。

元稹的《连昌宫词》,白居易的《长恨歌》《琵琶行》等长篇叙事诗,思想结构和艺术手法都和讽喻诗有相通之处。元稹的艳体诗和白居易的杂律诗反映了当时的都市生活,也开辟了晚唐纤丽的诗风。

——节选自翦伯赞《中国史纲要》

五 从退居到谴黜

- 居家守丧
- 幼女早夭
- 被贬江州

母亲去世后，白居易居家守丧。三岁的幼女金銮子也去世，对白居易打击巨大。宰相武元衡被暗杀后，白居易主张捕贼雪耻，他的无畏精神却遭到同僚的妒忌。

白居易从元和六年（811）起就不断闹病，母亲死了以后，病势似乎更加严重些。就在这个时候，不料他那才三岁的女儿——金銮子又死了。金銮子是白居易结婚后的第一个女儿，自然是很受喜爱的。除了《病中哭金銮子》诗以外，三年后白居易又因为遇见了金銮子的旧乳母，写有《念金銮子二首》，元和九年（814）为赞善大夫时还有《重伤小女子》。可见白居易对金銮子是念念不忘的。

　　白居易这时，除了"朝哭心所爱，暮哭心所亲"，弄得"泣尽双眸昏"[1]以外，更大的痛苦是从政以来，由于"备见朝廷事"，感到自己的理想终是难以实现的。"直道速我尤，诡遇非吾志。胸中十年内，消尽浩然气。"[2]因此便决心退居，打算归田为农了，所以他说："学农未为鄙，亲友勿笑余。更待明年后，自拟执犁锄。"[3]由于住在农村，不断地和劳动人民接触，感情上自然也起了变化，"言

---

[1]《自觉二首》。
[2]《适意二首》。
[3]《归田三首》。

动任天真,未觉农人恶"①。同时,白居易也认识到,"嗷嗷万族中,唯农最辛苦"②。

他有《采地黄者》一诗,写农民在春旱秋霜之后,岁晏无食,不得不早夜辛苦,到田里采集地黄,然后携到长安城,卖给一般朱门豪贵去喂马。结尾沉痛地说:"愿易马残粟,救此苦饥肠。"人竟然连马都不如。又有《村居苦寒》一诗,写那年大雪之下,十室九贫,劳动人民衣不蔽体,只好烧蒿棘火,愁坐待晨。自己却"褐裘覆绉被,坐卧有余温"。既免去饥冻之苦,平日又没有垄亩之勤,因此深感愧疚。由这些诗句都可以看出白居易和劳动人民感情上的联系。

不仅如此,白居易也亲身体验了胥吏催索租税的暴行。《纳粟》云:

> 有吏夜叩门,高声催纳粟。
> 家人不待晓,场上张灯烛。
> 扬簸净如珠,一车三十斛。
> 犹忧纳不中,鞭责及僮仆。
> 昔余谬从事,内愧才不足。
> 连授四命官,坐尸十年禄。
> 常闻古人语,损益周必复。
> 今日谅甘心,还他太仓谷。

---

① 《观稼》。
② 《夏旱》。

白居易是丁忧居家的朝官，胥吏尚且这样强梁。那么，胥吏对于百姓的横暴就可想而知了。

白居易的病一直不好，"一病经四年，亲朋书信断"[1]。因此，他的生活也相当艰窘。除元稹从江陵"三寄衣食资，数盈二十万"[2]以外，翰林时的旧同事崔群和钱徽，也常"恤寒分赐帛，救馁减余粮"[3]，不断地帮助白居易。

在白居易退居诗里常提到的还有裴垍。裴垍在元和五年（810）中风后，第二年就去世了。裴垍和白居易同为翰林学士，白居易《闲居》一诗说"君看裴相国，金紫光照地。心苦头尽白，才年四十四"，就是怀念裴垍的。裴垍是名臣，翰林时引李绛、崔群与同列，做了宰相以后，又擢韦贯之、裴度知制诰，是所谓"选任精明，人无异言"的。他是白居易最倾慕的人物。所以在裴垍死后，白居易还有一首《梦裴相公》，叙述他在梦中遇见了裴垍之事，可以看出白居易对裴垍怀念之深。

退居期间，白居易家庭中比较重要的事情，首先就是在母亲死了以后，在元和六年（811）的十月，把从前权厝在下邽下邑里的祖父白锽的灵柩、权窆在新郑县临洧里的祖母薛氏的灵柩和权窆在襄阳县东津乡的他父亲白季庚的灵柩，都一齐迁葬在下邽县义津乡北原。白居易的祖先，由于庄宅在同州同城县，所以都葬在韩城县。白锽以下，由于归葬不便，才由白居易改葬在下邽。同时白居

---

[1] 《寄元九》。
[2] 《寄元九》。
[3] 《渭村退居，寄礼部崔侍郎、翰林钱舍人诗一百韵》。

易又写了《太原白氏家状二道》,叙述了他祖父和父亲一生的行事。

元和八年(813)二月,又把原来葬在符离的外祖母和四弟白幼美的灵柩,也迁葬到下邽义津乡。这样,以前四离五散的故去的家属,总算集中在一起了。

当时白居易的哥哥白幼文,似乎也来过下邽,不过不久就到宿州去了。① 白行简自然也要在家守制。服满后在元和九年(814)夏天,白行简便应剑南东川节度使卢坦之聘,到梓州去,白居易有《别行简》一诗。②

元和九年(814),白居易的身体好转,八月到蓝田县游悟真寺③,有《游悟真寺(一百三十韵)》,是《白氏文集》中最长的一首诗。赵翼(瓯北)非常推崇这首诗。④ 白居易在悟真寺"一游五昼夜",诗中如月夜登观音堂一段和寻南塔路登蓝谷一段,都是很出色的动人的描写。

白居易这年冬天入朝,授太子左赞善大夫,有《初授赞善大夫早朝寄李二十助教》一诗:

---

① 《夜雨有念》:"吾兄寄宿州,吾弟客东川。南北五千里,吾身在中间。"
② 卢坦是在元和八年(813)八月为梓州刺史、剑南东川节度使的。白居易《别行简》一诗云:"梓州二千里,剑门五六月。岂是远行时,火云烧栈热。"知白行简赴梓州当在元和九年(814)夏五六月时也。
③ 赵殿成《王右丞集笺注》引《长安志》云:"崇法寺即唐悟真寺也,在县东南二十里王顺山。白居易有诗述其灵异,后改名。"又引《法苑珠林》云:"雍州蓝田东悟真寺,寺居蓝谷之西崖,制穷山美,殿堂严整。"
④ 赵翼《瓯北诗话》卷四。

> 病身初谒青宫日，衰貌新垂白发年。
> 寂寞曹司非热地，萧条风雪是寒天。
> 远坊早起常侵鼓，瘦马行迟苦费鞭。
> 一种共君官职冷，不如犹得日高眠。

这次到长安，白居易住在昭国里。昭国里在大雁塔北，距朝很远，所以说是"远坊""瘦马"，不由得羡慕那不用早朝的国子助教了。

左赞善大夫，是东宫官属，正五品上。职掌不过是向太子讽过失、赞礼仪，事实上没有什么事可做，可以说是一个冷官。所以，白居易常说"今我官职冷"[①]或"青宫官冷静"[②]。这时，常来往的有元八侍御（宗简）、张十八太祝（籍）、吴七水部（丹）、李二十助教（绅）等。此外还有开始见于诗篇的卢拱和杨巨源二秘书。

元和十年（815）春，元稹江陵士曹任满来京，元、白会面。不久，元稹就改授通州司马，所以在三月二十九日，元、白再次分别。白居易在《与元九书》中说："如今年春游城南时，与足下马上相戏，因各诵新艳小律，不杂他篇，自皇子陂归昭国里，迭吟递唱，不绝声者二十里余。"就是指他们这次相会。分别后，白居易有《醉后却寄元九》一诗，记述他们当时分别的情况：

[①]《酬张十八访宿见赠》。
[②]《寄杨六》。

> 蒲池村里匆匆别，沣水桥边兀兀回。
> 行到城门残酒醒，万重离恨一时来。

就在这个夏天，长安城里发生了一件大暗杀案。

在六月三日那天，宰相武元衡从靖安坊住宅出发，出坊东门上朝。当时天还没亮，突然有人从黑暗中射来箭，随从惊慌四散，刺客便上前扯住武元衡的马，动手把武元衡杀了，带着武的颅骨离去。同时在通化坊，又有人暗击御史中丞裴度。裴度头被击伤，坠马倒在路沟里。幸亏毡帽厚，他得以存活。从人王义从后面把刺客抱住，大声呼叫。刺客便砍断了王义的胳膊，扬长而去。此后，刺客还遗书给左、右金吾和京兆府及万年、长安两县说："勿急捕我，我先杀汝。"这件事震动了长安，一般朝士大夫，天不亮就不敢出门。有时唐宪宗上朝，要等好久，官员还不齐。

这个大暗杀案，当然是有它的原因和背景的。我们知道唐宪宗在讨王承宗失败以后，对于藩镇虽然还不甘心，却不得不暂时敷衍。元和七年（812），魏博节度使田季安逝世，田兴（后改名弘正）以魏博归款，于是引起淄青李师道、恒冀王承宗、申蔡吴少阳的恐慌。元和九年（814），吴少阳又死了，他的儿子吴元济匿丧，自领军务。唐朝的大臣，像裴垍、李绛、李吉甫等，本来都是主张先平申蔡的，只因唐宪宗仿佛太注意河北，所以才有以前那次讨王承宗的失败。现在魏博已经主动归附，讨平申蔡的主张，君臣已经一致，所以在元和十年（815）正月，宪宗下诏削吴元济官爵，命宣武等十六道进讨。这时李吉甫已死，李绛也因足疾罢相，为礼部尚书，新宰相是武元衡、张弘靖、韦贯之，其中武元衡是主张讨伐申蔡最有力的人物。

由于田兴归款，并且朝廷坚决要讨伐吴元济，李师道、王承宗在恐慌之中，便各自派遣间谍、刺客到两京活动。譬如李师道派人烧了河阴转运院的钱帛二十万缗匹，粮食两万四千八百多石；王承宗也派人到长安为吴元济游说，并且上书诋毁武元衡。同时，吴元济又纵兵侵掠，军锋有时及于东都（洛阳）。所以当时的情况是相当紧张的。刺死武元衡，击伤裴度，就更给朝廷一种莫大的威胁。

唐宪宗为了表示坚决讨伐吴元济，不为李师道、王承宗所慑服，便在武元衡死后不久，就任命裴度为相。

虽然如此，在武元衡死后，裴度任命之前的这十几天当中，却是京都震动，举朝失措的。而白居易在武元衡被刺杀的那天，就上书奏谕，主张捕贼雪耻，表示了他那种无畏的精神。事定之后，便有人说白居易是东宫官，不应该在谏官之先言事。同时那些素来不喜欢白居易的，也说白居易的母亲是看花坠井死的，白居易不应该再作赏花和新井诗，认为他甚伤名教，不应在朝。宰相（当时宰相是张弘靖和韦贯之）正不高兴白居易的出位言事，于是便奏贬白居易为江州刺史。诏出后，中书舍人王涯又说根据白居易所犯迹状（指作赏花和新井诗），不应该再治理州郡，于是便又追回诏书，改授江州司马。

看花坠井事，宋人陈振孙《白香山年谱》引高彦休《阙史》说，白居易的母亲，素来有心疾，寡居后，由于家贫，白居易弟兄常常旅居各地，心疾便更严重了。在白居易随计宣州的时候，她尝因忧愤发狂，用苇刀自杀，幸而被人救护未死。后来遍访医药，总是或发或瘳，只好派两个健壮的婢女服侍她。有一天，稍一疏忽，她坠井而亡。当时薛存诚是白居易的邻居，向裴度极力证明白居易的母亲确有心疾，常常呼叫，邻里皆闻。

总之，白居易的贬官，绝不是因为这疑莫能明的事故。因为白居易的母亲是在元和六年（811）死的，白居易授赞善大夫时没有人出来说话，而在白居易率先言事的时候，却有人以此来污蔑白居易有伤名教，甚至以为不堪理郡，足以证明是另有原因的。所谓原因，不外有一些人害怕白居易率先言事，获得宪宗的信任，再加擢用而已，就是指摘白居易出位言事也不过是借口。

白居易后来在《与杨虞卿书》中记叙这件事说：

> 去年六月，盗杀右丞相于通衢中，迸血髓，磔发肉，所不忍道。合朝震慄，不知所云。仆以为书籍以来，未有此事，国辱臣死，此其时耶！苟有所见，虽畎亩皂隶之臣，不当默默，况在班列，而能胜其痛愤耶？故武相之气平明绝，仆之书奏日午入。两日之内，满城知之。其不与者，或诬以伪言，或构以非语。且浩浩者，不酌时事大小，与仆言当否，皆曰：丞郎、给舍、谏官、御史尚未论请，而赞善大夫何反忧国之甚也？仆闻此语，退而思之：赞善大夫诚贱冗耳！朝廷有非常事，即日独进封章，谓之忠，谓之愤，亦无愧矣。谓之妄，谓之狂，又敢逃乎？且以此获辜，顾何如耳？况又不以此为罪名乎？此足下与

崔、李、元、庾辈十余人，为我悒悒郁郁长太息者也。

总之，在封建专制政权中，官僚之间的互相排挤、互相倾轧，是无所不用其极的。白居易那种比较认真的态度，自然是大家所不喜的，所以白居易说："以此得罪，可不悲乎？"

八月，谪贬诏下，白居易翌日即行登途。杨虞卿（时为鄠县令）赶到昭国里送行，已经不及，追到浐水，才得见面，匆匆话别。

一路经过望秦岭、韩公堆、蓝桥驿，到商州才停下。因为按当时的制度，贬官是闻诏即行的，所以家属都来不及送行。白居易在商州等了三天，家属才到。于是便从商州出武关，经过内乡到襄阳。这条路是元稹被贬江陵时走过的，所以沿路常常见到元稹的题诗。

到了襄阳，旱路终结。此后便由汉水入江，完全是水路了。

襄阳是白居易年轻时随他父亲住过的。这次到来，却早已闾井迁移，故知零落了。

"下马襄阳郭，移舟汉阴驿。"① 从此秋江寒浪，直到鄂州，有《登鄂州白雪楼》一诗：

白雪楼中一望乡，青山蔟蔟水茫茫。
朝来渡口逢京使，说道烟尘近洛阳。

---

① 《襄阳舟夜》。

当时各道共讨吴元济，由于各自为政，没有统帅，所以胜少败多。吴元济的游骑，常常逼近洛阳。同时李师道又和嵩山和尚圆净阴谋勾结山棚，想乘机暴动，焚毁洛阳宫阙。事泄，圆净被杀，这也是那年八月发生的事情，所以白诗说"说道烟尘近洛阳"。

此后，在臼口遇风，停了十天，然后到鄂州。直到十月，白居易才到江州。有《初到江州》一诗：

浔阳欲到思无穷，庾亮楼南湓口东。
树木凋疏山雨后，人家低湿水烟中。
菰蒋喂马行无力，芦荻编房卧有风。
遥见朱轮来出郭，相迎劳动使君公。

白居易是北方人，初到江州，观感自然不同。在这首诗里，我们也可以看出当时江州郊外的风貌。

历史的温度

唐宋古文运动

唐宋时期的古文运动是提倡古文、反对骈文的一次文风、文体、文学语言的革新运动。

所谓古文,是指先秦两汉时期的散文,它形式自由,内容翔实;所谓骈文,是指六朝以来讲究排偶、辞藻、音律、典故的文体。韩愈提倡古文,目的在于恢复古代的儒学传统,将改革文风与复兴儒学变为相辅相成的运动。

唐代的韩愈、柳宗元和宋代的欧阳修、王安石、曾巩、苏洵、苏轼、苏辙等人都是唐宋古文运动的代表人物。唐宋古文运动的代表作有:韩愈的《祭十二郎文》、柳宗元的《永州八记》、王安石的《伤仲永》、苏洵的《六国论》、苏轼的《赤壁赋》、苏辙的《黄州快哉亭记》。

天涯沦落

醉吟先生
琵琶歌女
诗歌理论

在江州期间,白居易在精神上非常苦闷,只好用诗和酒来发泄他那被压抑的情绪。浔阳江头,偶遇知音,白居易写下了传诵千古的《琵琶行》。他的诗歌理论,也在这个时候成熟了。

唐朝的制度，上州司马是从五品下，职务是"纲纪众务，通判列曹"，可以说是相当繁重的。但是事实上却不如此，因为凡是司马，多半是由"内外文武官左迁右移者，递居之"。由于人员流动性比较大，所以职务也多半由别驾、长官统摄，司马便仅剩下"员与俸在"了。白居易《江州司马厅记》：

莅之者，进不课其能，退不殿其不能，才不才一也。若有人畜器贮用，急于兼济者居之，虽一日不乐。若有人养志忘名、安于独善者处之，虽终身无闷。

这样司马就变成了一个既没有一定的职务，也不负任何责任的闲官。所以白居易又说：

州民康，非司马功；郡政坏，非司马罪。无言责，无事忧。

六　天涯沦落

真正是"尸素之尤蠹者"。但是封建政治就是这样，宁愿用"岁廪数百石，月俸六七万"把异己者安置在远离京都的地方，使他既不能退休，又不能做事，做一个"笼鸟槛猿"①，所以白居易感慨地说："悯默向隅心，摧颓触笼翅。"②

不管愿意不愿意，他势必要在这无形的笼子里住下来，直到任满为止。因此，在江州期间，白居易在精神上是非常苦闷的，只好把一种悲愤的情绪伪装成委顺任命的状态。所以他在《与杨虞卿书》中说：

> 今且安时顺命，用遣岁月。或免罢之后，得以自由，浩然江湖，从此长往。死则葬鱼鳖之腹，生则同鸟兽之群，必不能与掊声攫利者权量其分寸矣！足下辈无复见仆之光尘于人寰间也！

这段话最能代表白居易当时的心情，可以知道白居易的"安时顺命"，只是一种无可奈何的说法，而他最大的悲哀，还是不能再和那些"掊声攫利"的人"权量其分寸"了。白居易的斗志并未完全消尽，至于诗里所表现出来的那种止足委顺的思想，事实上也仅是退一步，从反面看的意思，用来安慰自己而已。所以什么南宗心要、庄子齐物，白居易虽然用它们来安慰自己悲愤的心情，却不能做到像他所期望的"外物尽遣，中心甚虚"。所以他说"胸中壮气

---

① 《山中与元九书，因题书后》。
② 《早秋晚望，兼呈韦侍御》。

犹须遣"①，又说"若不坐禅销妄想，即须行醉放狂歌"②。白居易是很难把心里的郁闷完全消除的。

但是，"浩浩世途，是非同轨，齿牙相轧，波澜四起"③，用退升降，是非善恶，在那个险恶的时代，一点儿标准也没有。有时白居易不由得丧失信心，感到怀疑。

《偶然二首》说出了他当时真实的思想情况：

楚怀邪乱灵均直，放弃合宜何恻恻。
汉文明圣贾生贤，谪向长沙堪叹息。
人事多端何足怪，天文至信犹差忒。
月离于毕合滂沱，有时不雨何能测。

火发城头鱼水里，救火竭池鱼失水。
乖龙藏在牛领中，雷击龙来牛枉死。
人道蓍神龟骨灵，试卜鱼牛那至此。
六十四卦七十钻，毕竟不能知所以。

佛道思想不能完全消除白居易对人事的执着，同时前途茫茫，自己又不能掌握自己的命运，因此白居易不得不苦闷，不得不惶惑，不得不把人事看作"偶然"。虽然如此，白居易还是积郁难消，

---

① 《重题》。
② 《强酒》。
③ 《祭李侍郎文》。

只好用诗和酒来发泄他那被压抑的情绪。

白居易在诗里提到酒的次数特别多,而且后来还自号为"醉吟先生"。但是实际上白居易并不善饮,"一杯复两杯,多不过三四",所谓"一壶三醉"①,不能说是酒豪。与其说他是饮酒,不如说他是为了作诗;而作诗,也不外抒发郁积在胸中的愤慨而已。

岁时春日少,世界苦人多。
愁醉非因酒,悲吟不是歌。②

从这几句话里,可以知道白居易对诗和酒的看法了。

白居易自从到江州以来,由于仕宦的不得意,就更有意地要以作诗为他的终生事业,所以他写道:

人各有一癖,我癖在章句。
万缘皆已消,此病独未去。③

他描写自己当时吟诗的情况道:

---

① 《效陶潜体诗十六首》:"未尽一壶酒,已成三独醉。勿嫌饮太少,且喜欢易致。一杯复两杯,多不过三四。便得心中适,尽忘身外事。更复强一杯,陶然遗万累。"从这里可以看出白居易的酒量。
② 《晚春登大云寺南楼,赠常禅师》。
③ 《山中独吟》。

> 有时新诗成，独上东岩路。
> 身倚白石崖，手攀青桂树。
> 狂吟惊林壑，猿鸟皆窥觑。
> 恐为世所嗤，故就无人处。

白居易心情的寥落和生涯的寂寞，从他这种宁愿被猿鸟窥觑而不愿为世人所嗤的态度来看，是多么令人痛心啊！

同时，在这个时候，白居易又读了许多好诗。首先是杜甫诗和李白诗，有《读李杜诗集因题卷后》记载此事。李、杜都是一生流离，不能把抱负施展出来的，但是"吟咏流千古，声名动四夷"，决不因为贬退就此湮没无闻。"天意君须会，人间要好诗"，这就更坚定了白居易要在诗歌创作方面发挥他的才力的信心。

其次，是陶潜和韦应物的诗。陶、韦本来都是白居易所喜欢的诗人。江州是陶潜的故里，而韦应物又曾经做过江州刺史。白居易《题浔阳楼》一诗说：

> 常爱陶彭泽，文思何高玄。
> 又怪韦江州，诗情亦清闲。

现在自己也来到江州，仿佛和陶、韦共同感受着这里山川、河流的灵气，这就使白居易在诗的风格上更得到陶、韦的熏染。

白居易曾在游庐山的时候，经过柴桑、栗里，访问了陶潜的故里。不只对陶潜的诗，白居易对陶潜那种"垢尘不污玉，灵凤不啄膻"①的品质和虽遭离乱仍能不被饥寒所吓倒的伟大精神,也感到由衷的钦佩。

此外,还有《读谢灵运诗》。这首诗写了谢灵运由于"与世不相遇",飘零江湖,但是"壮志郁不用,须有所泄处",因此才专志为诗。虽然写的是山水草树,但是"往往即事中,未能忘兴谕"。单注意谢诗的章句,是不能了解谢灵运的。

因此,白居易的"诗论",也就在这个时候成熟了。白居易的诗歌理论是总结在《与元九书》中的。

白居易对于诗的理想,首先是认为"文章合为时而著,歌诗合为事而作",反对梁、陈以来的"嘲风雪、弄花草"。他认为《诗经》的优良传统必须继承,反对自《诗经》以后,诗歌越来越脱离现实的倾向。

白居易把诗歌的内容和形式当作一个有机的组合体来看,所以他给诗的定义是"根情、苗言、华声、实义"。这话的意思,就是说诗歌的作用就是诗人把他在现实中所感受的,通过形象的语言、和谐的韵律展现出来,使读者从诗歌中获得一定的思想上的认识。由此更进一步,诗歌便成为沟通上下关系的一种武器。唯其是这样一种武器,所以白居易特别重视诗的兴谕。他的讽喻诗,就是这种理论的一个实践。

至于仅是个人的伤别、怨思,即使梗概尚存,未尝没有兴讽,但是已经是不无缺憾了。单是山水田园,就更差些;若纯粹是风雪

---

① 《访陶公旧宅》。

花草，那就完全丧失了《诗经》的优良传统。所以唐兴二百年间，白居易仅举陈子昂、李白、杜甫等数人为例。

但是白居易所标榜的"言者无罪，闻者足戒"，在当时是行不通的。虽然白诗是"易入而深诫"①的，结果却是"志未就而悔已生，言未闻而谤已成"。

"面瘦头斑四十四，远谪江州为郡吏"②，意气消沉、壮志萧条的白居易，除了写他的诗论以外，还把过去的诗作编集成为十五卷，共分四类，计讽喻诗一百五十首、闲适诗一百首、伤感诗一百首、杂律诗四百余首，共约八百首。

有《编集拙诗，成一十五卷，因题卷末，戏赠元九、李二十》一诗，末云：

世间富贵应无分，身后文章合有名。
莫怪气粗言语大，新排十五卷诗成。

至于白居易在江州的生活，除了被软禁、不得自由以外，也可以说是清闲的。初到江州时，住在司马宅，那是门巷无人，非常萧条的，所以白居易说"唯对大江水，秋风朝夕波"③。后来他在靠近庐山东林寺的地方置一草堂，打算官满后就在江州退居了。到元和

---

① 《与杨虞卿书》："凡直奏密启外，有合方便闻于上者，稍以歌诗导之。意者，欲其易入而深诫也。"
② 《谪居》。
③ 《司马宅》。

十二年（817）的春天，草堂落成，地方是在"香炉峰北面，遗爱寺西偏"。据白居易说，那里有白石清流，松树竹子。又凿了一个小池，养些鱼，种些莲花。草堂并不大，不过是"三间两柱""二室四牖"；陈设也很简单，四张木榻、两个素屏以外，不过是琴书而已。

这年七月，唐宪宗敕：

> 今后左降官及责授正员官等，宜从到任经五考满，许量移。①

这就是说必须任满五年才有改官的希望，所以他在《移山樱桃》一诗中说："上佐近来多五考，少应四度见花开。"只有安心在这江州住下去了。

白居易到江州的第二年，又添了一个女儿，名字叫阿罗。来江州的时候，他还带着白行简的儿子龟儿。（后来离开江州时，阿罗已经四岁，龟儿已经七岁了。）据白居易的诗说，"自到浔阳生三女子"②，不过除阿罗外，其余都夭亡了。

元和十一年（816）夏天，白居易的哥哥白幼文从徐州带着诸院孤小弟妹六七人，也来到江州。不料元和十二年（817）夏天，才离开江州未几个月，白幼文就死了。遗下一个儿子，小名叫宅相。白幼文碌碌一生，不离下位，遭遇更远不如他的两个弟弟。

---

① 《旧唐书·宪宗纪》。
② 《自到浔阳生三女子，因诠真理，用遣妄怀》。

元和十二年（817）九月，剑南东川节度使卢坦卒。元和十三年（818），白行简也从梓州来到江州。

自从宰相武元衡被暗杀后，京师震动，群臣纷纷请罢兵。唐宪宗在处理这件事情的时候，态度坚决。擢裴度为相后，就完全把讨吴元济的责任交付裴度。只是各道诸军，互相观望，师久无功。白居易有《放旅雁》一诗，放雁后他嘱咐那雁说：

雁雁汝飞向何处？第一莫飞西北去。
淮西有贼讨未平，百万甲兵久屯聚。
官军贼军相守老，食尽兵穷将及汝。
健儿饥饿射汝吃，拔汝翅翎为箭羽。

这说明了当时因为两军僵持而食物紧张的情形。

这时要求罢兵的人越来越多，唐宪宗为了表示决不动摇，凡是请罢兵的都罢出枢密。宰相张弘靖出为太原尹，韦贯之为吏部侍郎，再贬为湖南观察使，改以李逢吉、王涯代相。白居易的友人——翰林学士、中书舍人钱徽和驾部郎中萧俛也各解去翰林，仅守本官。考功郎中韦处厚、礼部员外郎崔韶又因为被张宿所构陷，分别被贬为开州刺史和果州刺史。①

虽然如此，淮西的局势仍然不见进展。白居易虽然贬居江州，

---

① 《东南行一百韵寄通州元九侍御、澧州李十一舍人、果州崔二十二使君、开州韦大员外、庾三十二补阙、杜十四拾遗、李二十助教员外、窦七校书》就是分寄元稹、李建、崔韶、韦处厚、庾敬休、杜元颖、李绅、窦巩的。

但对淮西军事是非常关注的。他在江州所写的诗中常常提到这事。①有《元和十二年，淮寇未平，诏停岁仗；愤然有感，率尔成章》一诗，可以看出白居易对此事的态度：

> 闻停岁仗轸皇情，应为淮西寇未平。
> 不分气从歌里发，无明心向酒中生。
> 愚计忽思飞短檄，狂心便欲请长缨。
> 从来妄动多如此，自笑何曾得事成？

到元和十二年（817），诸军讨蔡已经多年。饷道凋敝，百姓耕地而家中都没有牛。宰相李逢吉认为财力紧张、士兵疲惫，不如罢兵。只有裴度和宪宗同心，要求自往督战。宪宗大喜，便以裴度守门下侍郎、同平章事、蔡州刺史，充彰义军节度、申光蔡观察等使，仍充淮西宣慰招讨处置使。我们看这样长的官衔，就知道裴度这时责任的重大。裴度是以宰相兼统帅的名义出发的。同时裴度还请马总、韩愈、李正封、李宗闵等随从出征，宪宗当然是没有不答应的。

裴度这次出京督战是成功的。他在七月出京，十月随唐节度使李愬雪夜入蔡州，擒了吴元济，淮西平定。白居易在《刘十九同宿（时淮寇初破）》一诗中写道：

---

① 《春游二林寺》《望江楼上作》《送幼史》《西楼》等诗，全都提到淮西事。

> 红旗破贼非吾事,黄纸除书无我名。
> 唯共嵩阳刘处士,围棋赌酒到天明。

裴度出京后,宪宗便以户部侍郎崔群为中书侍郎同中书门下平章事代裴度。崔群是白居易的好友,因此,元和十三年(818)年底,白居易便由江州司马改任忠州刺史。白居易有《除忠州寄谢崔相公》一诗,算是向皇帝谢恩的。

在江州时期,白居易的诗歌创作从数量上来说是很多的,同时才力也更精进,所谓"道屈才方振,身闲业始专"①。长篇中比较有名的,是元和十一年(816)写的《琵琶行》。白居易有很多诗是为封建社会中妇女的遭际而呼吁的,不过《琵琶行》最后归结到"同是天涯沦落人,相逢何必曾相识",是由茶商妇的遭际联想到个人的迁谪,抚今追昔,才泪湿青衫的。"伤禽侧翅惊弓箭,老妇低颜事舅姑"②,白居易从朝官贬为江州佐吏,是和茶商妇的沦落完全相同的。

另外一个长篇是《东南行一百韵寄通州元九侍御、澧州李十一舍人、果州崔二十二使君、开州韦大员外、庾三十二补阙、杜十四拾遗、李二十助教员外、窦七校书》。在这首诗里白居易不仅回忆了过去的交游,同时也记录了江州的土风,对当时江州的面貌做了很生动的描绘。

小诗里,像《夜雪》和《问刘十九》等,也都是长久以来流传的。

---

① 《江楼夜吟元九律诗,成三十韵》。
② 《初到江州,寄翰林张、李、杜三学士》。

历史的温度

韦应物

韦应物(约737—791),字义博,京兆万年(今陕西西安)人,唐朝著名诗人。

韦应物是中唐著名的山水田园诗人,后世常把王维、孟浩然、韦应物、柳宗元作为唐代山水田园诗人的代表。其代表作有《滁州西涧》:

独怜幽草涧边生,上有黄鹂深树鸣。
春潮带雨晚来急,野渡无人舟自横。

白居易在《与元九书》中评价韦应物道:"近岁韦苏州歌行,才丽之外,颇近兴讽。其五言诗又高雅闲澹,自成一家之体。今之秉笔者谁能及之?"

(七) 在忠州

为政清简
填《竹枝词》
任满返京

　　白居易在忠州，除了处理公务外，剩余时间大部分就用在种花、种树方面。忠州在当时还是一个少数民族聚居的地方，白居易颇为欣赏当地的民歌《竹枝》，填了四首《竹枝词》。

元和十三年（818）十二月二十日，白居易奉敕旨改授忠州刺史。当时因为临近除夕，所以白居易在江州过了旧年，到春天，才从江州出发赴任，三月二十八日到忠州，有《忠州刺史谢上表》记载此事。

　　白居易在离江州以前，似曾先到洪州。洪州在当时是江西观察使治所。观察使裴堪在知道白居易改授忠州刺史之后，便赠给他绯袍、鱼袋。按唐朝的制度，下州刺史（忠州户仅六千余，户不满二万者为下州，忠州当是下州）是正四品下，四品、五品以上应该服绯，所以白居易也应该脱掉青衫，改着绯袍、银鱼袋了。①《初除官蒙裴常侍赠鹊衔瑞草绯袍鱼袋因谢惠贶兼抒离情》一诗可以说明此事。此外，还有一首《钟陵饯送》：

---

① 唐章服品第：三品以上服紫，四品、五品以上服绯，六品、七品以绿，八品、九品以青。四品、五品以上赐银鱼袋，三品以上赐金鱼袋。

七 在忠州

翠幕红筵高在云，歌钟一曲万家闻。

路人指点滕王阁，看送忠州白使君。

过武昌时，李程正为鄂州刺史、鄂岳观察使。李程是白居易为翰林时的同事，白居易写下了《行次夏口先寄李大夫》和《重赠李大夫》。

白居易这次去忠州，心情是相当愉快的，因为谪贬生活从此结束，任忠州刺史后，便有了还朝的机会。即使忠州在当时并不是一个大郡，但他不以为意。所以在《除忠州寄谢崔相公》一诗中，有"忠州好恶何须问，鸟得辞笼不择林"这样的话。

三月十一日，船到夷陵，恰好这时元稹也由通州司马改授虢州长史，顺江东下，不期而遇。元、白自从在长安沣水店头相别，到现在是"一别五年方见面"①，自然要有一番盘桓。第二天，元稹反棹送白居易到下牢戍，终于在峡州附近，登陆宴饮。当时白行简也和白居易同行，三人流连到云破月出，各赋古诗二十韵，白居易为之作序。那地方的山林泉石，非常美好，便称之为"三游洞"。三宿后，才因为各限王程，不得不分手。不过，白行简并没有去忠州，大概是和元稹一路入京了。

从峡州到忠州，还有一千三百里水程，要经过有名的三峡。"苒

---

① 《十年三月三十日，别微之于沣上。十四年三月十一日夜，遇微之于峡中。停舟夷陵，三宿而别。言不尽者，以诗终之。因赋七言十七韵以赠，且欲寄所遇之地与相见之时，为他年会话张本也》。

蒻竹篾筌，欹危楫师趾。一跌无完舟，吾生系于此。"① 按当时的交通情况，这段路要完全依靠劳动人民的智慧和经验，才能够安然通过。

忠州在当时不仅不是一个大郡，还相当荒凉。白居易一再说那是"炎瘴地""蛮貊乡"，到了忠州之后，就更失望。他到忠州是替李景俭的。有《初到忠州赠李六》一诗，描写忠州的情况：

吏人生梗都如鹿，市井疏芜只抵村。
一只兰船当驿路，百层石磴上州门。

山束邑窄，雾雨阴天，风俗语言也和北方的不同。再加上既没有交亲，又没有宾朋，落寞的环境，简直比江州都不如，更不用说长安了。

忠州既然是地狭人稀，刺史的职务也就并不繁剧。白居易为政清简，他在《东坡种花二首》中谈他的施政方针道：

东坡春向暮，树木今何如？
漠漠花落尽，翳翳叶生初。
每日领童仆，荷锄仍决渠。
划土壅其本，引泉溉其枯。
小树低数尺，大树长丈余。

---

① 《初入峡有感》。

> 封植来几时，高下齐扶疏。
> 养树既如此，养民亦何殊？
> 将欲茂枝叶，必先救根株。
> 云何救根株，劝农均赋租。
> 云何茂枝叶，省事宽刑书。
> 移此为郡政，庶几町俗苏。

这首诗的意境，很像柳宗元所写的《种树郭橐驼传》。这种政治方针，在今天看来，自然还是很不够的。但是在封建时代，白、柳的主张多少减少了一些人民的痛苦。所以只要丰收，白居易就可以"端然无所为"①。地方官就是皇帝的催租吏，只要赋税收取完毕，在白居易看来，也就算是尽了自己的责任。《征秋税毕题郡南亭》诗说：

> 且喜赋敛毕，幸闻闾井安。
> 岂伊循良化，赖此丰登年。

白居易在忠州，"衙鼓暮复朝，郡斋卧还起"②，除了处理公务外，剩余时间大部分就用在种花、种树方面。他先在城外东坡上种一些树，种的时候，也并没有什么计划，"信意取次栽，无行亦无

---

① 《招萧处士》。
② 《南宾郡斋即事，寄杨万州》。

数"①；同时也不分什么树，"但购有花者，不限桃杏梅"②。此外，在东溪又插些柳，和种树一样，也是"长短既不一，高下随所宜。倚岸埋大干，临流插小枝"③。他不仅种这些容易长成的树木，也种一些难长的植物，"十年结子知谁在，自向庭中种荔枝"④。因为荔枝和忠州的另外一种木莲树，都是关中没有的植物，他便请人画成图画，系以诗文寄赠朝中亲友。"峡内岂无人，所逢非所思。门前亦有客，相对不相知。"⑤蜀中也非无人，不过知交太少。只有种花和树，才可以稍慰寂寥。"笑言虽不接，情状似相亲。"⑥所以白居易在忠州，便不像在江州那样"与鸟兽同群"，而是更降一等，变成"与草木为群"了。

忠州在当时还是一个少数民族聚居的地方。白居易对于巴人，虽然是"尚不通语言"，但是颇为欣赏他们的民歌——《竹枝》。白居易的朋友刘禹锡在被贬为朗州司马时，听了《竹枝》后，倚声写了十几篇《竹枝词》。《竹枝》的声调是凄凉的，描写出当时少数民族的一种激厉的感情。白居易在当时那种环境下，听了巴童巫女的《竹枝》，即使语言不通，也可以从声调中与之发生共鸣。《听竹枝赠李侍御》诗云：

---

① 《步东坡》。
② 《东坡种花二首》。
③ 《东溪种柳》。
④ 《种荔枝》。
⑤ 《招萧处士》。
⑥ 《东亭闲望》。

七 在忠州

> 巴童巫女竹枝歌，懊恼何人怨咽多。
> 暂听遣君犹怅望，长闻教我复如何！

因此，白居易也填写了四首《竹枝词》，其中之一云：

> 竹枝苦怨怨何人，夜静山空歇又闻。
> 蛮儿巴女齐声唱，愁杀江楼病使君。

白居易逐渐寂寞了，白居易的诗歌也逐渐流露出一种索然的情绪了，其中的原因，是和长安城里的政治浪潮有关系的。

唐宪宗在平定了吴元济以后，便决定讨伐李师道，不过用兵非常花钱。元和十三年（818）八月，用皇甫镈、程异、裴度和崔群并相。皇甫镈和程异并无资望，只是因为善于剥削人民，能敛财，才擢居相位；因此朝野骇愕，裴度、崔群也极力反对，但是唐宪宗不听。元和十四年（819）二月，李师道为部下都知兵马使刘悟所杀，淄青等十二州皆平。白居易在四月九日有《贺平淄青表》奏上。但是不久裴度就受皇甫镈排挤，被贬为河东节度使。十二月，崔群又为皇甫镈所谮，被贬为湖南观察使，朝野内外对皇甫镈莫不切齿。在皇甫镈当权的时候，白居易自然也就没有入朝的希望了。

元和十五年（820）正月，唐宪宗服金丹暴卒，传为宦官陈弘志所毒杀。右神策军中尉梁守谦等共立李恒为皇帝，就是唐穆宗。

唐宪宗在位时，也做了一些大事。元和元年（806），平定刘辟和杨惠琳。元和二年（807），平李锜，于是两河藩镇，都不自安。元和五年（810），易定节度使张茂昭自请举族归朝。元和七年（812），魏博节度使田弘正受朝廷制命。当时不遵唐朝命令，负隅反抗的，便只有成德王承宗、淄青李师道和申蔡吴元济了。元和十二年（817），平淮西。元和十四年（819），李师道为刘悟所杀。王承宗只好请以二子为质，献德、棣二州，输租税，请官吏，仅求免害。所以从安史之乱后，藩镇割据的局面，到这个时候，几乎改变。同时唐宪宗对于人才也是优礼有加，专心任用。当时名相，像杜黄裳、武元衡、裴垍、李藩、李绛、裴度、崔群等，也都是慎重持国、勇于负责的。就是李吉甫等，大抵也都不敢为恶。唐宪宗对于宦官虽然任使过分，但是多少还能操纵，不致完全泛滥。所以元和之政，在唐代历史上是比较值得注意的。

唐宪宗对进士出身的孤寒新进的提拔，使新旧官僚间划分了朋党。由于任使宦官，就使宦官越来越跋扈。到元和十三年（818），任用皇甫镈，排出裴度、崔群，那就是由于连年用兵，府库缺乏，急于向人民开刀，加强剥削，好使自己在志得意满之余，过一阵侈靡的生活。但是他怎么也想不到，自己终于还是被他所宠信的宦官杀害了。

白居易在宪宗朝虽然不甚得意，但是总也算是被宪宗提拔起来的新人，所以他在《奉酬李相公见示绝句》中哀悼宪宗说：

碧油幢下捧新诗，荣贱虽殊共一悲。

涕泪满襟君莫怪，甘泉侍从最多时。

七 在忠州

唐穆宗即位以后，首先就是把皇甫镈贬为崖州司户，用萧俛、段文昌、崔植三人为相。和白居易有关系的，就是他的好友元稹在穆宗朝得意起来了。

元稹到虢州以后，不久就入朝为膳部员外郎。过去元稹在江陵的时候，和监军崔潭峻交好（当时有宦官监军制度）。和宦官交好，是最为当时比较有正义感的人所不齿的。而且元稹之所以被贬为江陵士曹，就是因为在敷水驿和宦官刘士元争厅，所以元稹和崔潭峻交好，是不能被人理解的。穆宗过去在东宫时就常听宫人们诵元稹的诗，即位后，崔潭峻就乘机献上元稹的诗作百余篇。因此，在元和十五年（820）五月，元稹任祠部郎中、知制诰。

此外，白居易的友人，大多在这一年入朝或改官。李绛自晋绛观察使入朝为兵部尚书，不久改为御史大夫。崔群由湖南观察使入朝为吏部侍郎，旋又出为徐州刺史，充武宁军节度使。钱徽由中书舍人转为礼部侍郎。李宗闵由驾部郎中、知制诰改为中书舍人。牛僧孺由库部郎中、知制诰改为御史中丞。左拾遗李绅、礼部员外郎庾敬休和李德裕并守本官充翰林学士。韩愈也由袁州回京为国子祭酒。白居易的姻亲中，杨虞卿是监察御史，杨汝士是右补阙。至于元宗简、张籍等也都仍然在京。

元和十五年（820），白居易忠州刺史任满，改拜尚书司门员外郎。司门属刑部，员外郎是从六品上。品秩虽然比忠州刺史低，但因为是朝官，依然是荣耀的。六品不应穿绯袍，所以白居易有《初除尚书郎，脱刺史绯》一诗：

> 亲宾相贺问何如,服色恩光尽反初。
> 头白喜抛黄草峡,眼明惊折紫泥书。
> 便留朱绂还铃阁,却著青袍侍玉除。
> 无奈娇痴三岁女,绕腰啼哭觅金鱼。

白居易这次返京,是从忠州下三峡,然后仍由商山路返长安。他在《重过寿泉,忆与杨九别时,因题店壁》中写道:

> 一去历万里,再来经六年。
> 形容已变改,处所犹依然。

白居易这年已经四十九岁了。

十二月十三日,白居易有和李虞仲共同具衔的《论重考科目人状》。十二月二十八日,白居易由司门员外郎改授主客郎中、知制诰,制辞是元稹的手笔:

> 敕:先帝付朕四海九州之重,尚赖威灵,天下甫定。思获议论文章之臣,以在左右。俾之详考今古,周知物情。而朝议郎、行尚书司门员外郎白居易,州里举进士,有司升甲科,元和初,对诏称旨,翱翔翰林,蔼然直声,留在人口。朕尝视其词赋,甚喜与相如并处一时,由是召自南宾,序补郎位。会牛僧孺以御史丞解制诰职,嗣掌书命,人推尔先。予亦饱其风猷,尔宜副兹超异。可守尚书

主客郎中、知制诰。余如故。

长庆元年（821）正月四日，白居易有举杨嗣复自代状。这是惯例，从建中以来，凡是文武官在新任后三日，都必须举一人自代。当时杨嗣复是兵部郎中。

历史的温度

唐代的三省六部

（一）尚书省 ⎰ 吏部尚书——侍郎——吏部等四司。
　　　　　　　户部尚书——侍郎——户部等四司。
　　　　　　　礼部尚书——侍郎——礼部等四司。
　　　　　　　兵部尚书——侍郎——兵部等四司。
　　　　　　　刑部尚书——侍郎——刑部等四司。
　　　　　　　工部尚书——侍郎——工部等四司。

以左、右仆射领省事，其下有左、右丞；左丞管吏、户、礼三部之十二司，其下设左司。右丞管兵、刑、工三部之十二司，其下设右司。凡司各置郎中、员外郎一或二员。省署在南，故谓之南省。

（二）门下省　下置（1）给事中，掌封驳。（2）左散骑常侍，闲员。（3）左补阙、左拾遗，主讽谏。又附设弘文馆，馆有学士，掌详正图籍。

（三）中书省　下置（1）右散骑常侍，闲员。（2）右补阙、右拾遗，与左者同。附设集贤殿书院，院有学士，主刊辑经籍；史馆，掌修国史；秘书省，省设监，掌图书事；司天台，台设监，掌历数。

——节选自岑仲勉《隋唐史》

八 宦途气味已谙尽

牛李党争
朋友倾轧
弃长安

朋友们陷入朋党之争,互相倾轧,不是遭到贬谪、变节,就是去世。在这血雨腥风的政治变动中,白居易心灰意冷,不愿待在长安这个伤心之地,请求外任。

长庆元年（821）正月，萧俛因为穆宗征王播入朝，固辞相位，改授吏部尚书。二月，以段文昌为西川节度使代王播，同时以翰林学士杜元颖为户部侍郎同平章事，和崔植并为宰相。

元稹在二月十六日自祠部郎中、知制诰充翰林学士，二月十七日拜中书舍人仍充翰林学士。这时翰林学士中，以李德裕、李绅、元稹为最有名，当时称为"三俊"[①]。

三月，白居易受诏与中书舍人王起覆试礼部侍郎钱徽所放进士郑朗等十四人。

这次重试进士，又是一件大事。不仅白居易的许多友人牵连在内，而且此后四十多年牛李朋党的划分，更加壁垒分明了。

事情的经过是这样的：

唐朝的进士试，试卷并不糊名，叫作"通榜取士"。而且从开元二十四年（736）以来，照例是由礼部侍郎知贡举。既然预先就

[①] 《旧唐书·李绅传》："穆宗召为翰林学士，与李德裕、元稹同在禁署，时称'三俊'。"

知道主考官是谁,试卷又不糊名,因此进士在考试以前就以诗文投献,当时叫作"行卷"。所以考试以前,关节已通。那么这种考试方法为什么还行得通呢?那是因为有的主司害怕讥议,不敢不秉公处理。当然,其中胁于权势、挠于亲故、累于子弟,也是不能避免的,所以到后来就愈演愈烈了。

长庆元年(821),钱徽是礼部侍郎。宰相段文昌出镇西川,临行的时候,以私书向钱推荐杨浑之,同时翰林学士李绅也推荐周汉宾。可是榜揭晓后,二人皆不中选。而李宗闵的子婿苏巢、杨汝士的弟弟殷士,全都及第。此外郑朗是郑覃的弟弟,裴譔是裴度的儿子,都是要人子弟。所以段文昌大不满意,认为礼部考试不公,所取进士都是公卿子弟,并无才艺。穆宗问翰林学士李德裕、元稹、李绅,三人也都认为段文昌的话是对的。所以穆宗便命王起、白居易等覆试。但是这里却夹杂着一些私憾。

中书舍人李宗闵本来和元稹关系很好。白居易《梦与李七、庾三十二同访元九》中曾说:"损之(李宗闵)在我左,顺之(庾敬休)在我右。……同过靖安里,下马寻元九。"从中可以看出他们之间的友谊。但是元稹自从还朝以后,改变了以前那种孤直的作风,转而急于进取。李宗闵也是一样,由于急于竞争,两人便有了嫌隙。此外,翰林学士李德裕是故相李吉甫的儿子。从前李宗闵、牛僧孺应制举的时候,尝讥讽李吉甫,所以终李吉甫之世,牛、李不能入朝,因此李德裕和李宗闵之间是有着宿怨的。至于白居易的姻亲右补阙杨汝士,和钱徽是有交谊的。所以在这件事中,钱徽、李宗闵、杨汝士等是一方,李德裕、李绅、元稹等是一方。两方除李德裕外都和白居易有着一定的友谊关系。现在既然奉旨覆试，只好秉公处理，结果郑朗、苏巢、杨殷士等十个人都黜落。考试过后，白居易写有《论重考试进士事宜状》，说明郑朗、苏巢等人虽然黜落，但是情有可原。因为礼部试进士，照例许用书策，兼得通宵。覆试的时候，却是"书策不容一字，木烛只许两条"，急促惊忙，成绩自然差些，希望穆宗能够"明示瑕病，以表无私，特全身名，以存大体"。奈何穆宗不听，于是便贬钱徽为江州刺史，李宗闵为剑州刺史，杨汝士为开江令。

当时李宗闵和杨汝士劝钱徽把当时段文昌嘱托的私书奏上，但是钱徽还算聪明，说"苟无愧于心，得丧一致"，怎能把私书公开呢？随即把段文昌的那封信烧了。

从此，李德裕和李宗闵各分朋党，互相倾轧。朝中士大夫，各有攀缘，很少有不被卷入漩涡的。

在这次纠纷之后不久，元稹和裴度间就又有冲突。

河北藩镇，在宪宗朝末年，已经大致削平。穆宗即位后，成德王承宗又死了，留后王承元倾心听命，所以唐帝国的统治到这时可以说是完全统一了。唐穆宗如果处理得当，唐帝国的政权也许可以更加巩固。但是唐穆宗却畋游宴乐，不以国事为意。宰相崔植和杜元颖也无远略，盲目地大事消兵，同时，对藩镇处置也不尽当。结果卢龙节度使张弘靖为幽州军士所囚，朱克融被拥为留后。成德节度使田弘正又为都知兵马使王庭凑所杀，河北复乱。穆宗便派裴度为镇州四面行营都招讨使讨乱。

元稹本来和裴度并没有什么怨隙。不过裴度平吴元济后，声望大增，元稹怕裴度成功受大用，妨碍自己个人的进取，于是便和宦官、知枢密魏弘简结纳，阻挠裴度。裴度非常愤激，上表揭发元稹和魏弘简的阴谋说："奸臣恐臣或有成功，曲加阻碍，逗遛日时，进退皆受羁牵，意见悉遭蔽塞，但欲令臣失所，使臣无成，则天下理乱，山东胜负，悉不顾矣。"一定要穆宗召百官集议。表凡三上，穆宗不得已，只好以魏弘简为弓箭库使，解元稹翰林学士职，改为工部侍郎。虽然如此，穆宗对元稹却仍然是信任的。

长庆二年（822），诸道讨王庭凑，兵十七八万，半年来却没有什么进展。幽州兵却反而在正月里攻陷了弓高（今河北省东光县西），断绝了粮道。白居易有《论行营状》，认为兵多难用，将众不一，应该下诏使各节度各防守所辖境界，专令李光颜、裴度东西夹攻，观衅而动，以免虚费军粮，人心无憀。穆宗不听。果然在这个月里，魏博军溃，田布自杀，史宪诚自为留后。

自从宪宗用兵以来，国用已感不足。穆宗即位，又滥发赏赐，府藏更感空虚。到现在财竭力尽，只好糊涂了事。结果，不得不以史宪诚为魏博节度使，朱克融为平卢节度使，王庭凑为成德节度使。从此河北又恢复安史以来的那种半独立状态，直到唐朝灭亡，都没能再次收复。

这年二月，崔植罢相，改为刑部尚书，元稹为相。元稹劝穆宗罢兵，于是穆宗便解除裴度的兵柄，改为东都留守。当时许多谏官都以为不应该这样做。白居易当时是中书舍人，也不赞同，曾上表指摘元稹，并请追回成命，别议处置。最后又这样说明一下："臣素与元稹至交，不欲发明。伏以大臣沈屈，不利于国，方断往日之交，以存国章之政。"可见白居易也不因为与元稹的私交，就甘心缄默的。① 后来元稹在同州寄白居易的诗中说："唯应鲍叔犹怜我，自保曾参不杀人。"就是向白居易解释。因为元稹为相不久，就有一个大阴谋家李逢吉构成于方案件，说是于方招募刺客，要替元稹刺杀裴度。调查结果，事无佐证，但是元稹却不得不因此罢相，出为同州刺史。统计元稹执政，才不过五个月。

白居易这次在长安，可以说是不愉快的。朋友们互相倾轧，不能不使白居易伤心。而且来长安后，长庆元年（821），李建②死了；长庆二年（822），元宗简③又死了。李建、元宗简和白居易的友谊，

---

① 白居易有《论请不用奸臣表》，见《文苑英华》，但文集不载此表。元、白交分虽然始终不替，但是白居易对元稹的勾结宦官、倾轧善良，却不能缄默。《文苑英华》，当必有所本。

② 李建，字杓直，陇西人。长庆元年（821）二月二十三日殁于长安，享年五十八岁。韩愈在《太学博士李君墓志铭》中说，李建和他的哥哥李逊，都是死于服食。"刑部（李逊）且死，谓余曰：'我为药误。'其季建一旦无病死。"白居易有《祭李侍郎文》《有唐善人墓碑铭》。

③ 元宗简，字居敬，河南人。白居易在《故京兆元少尹文集序》中说是卒于长庆三年（823）冬。但是诗题却是《予与故刑部李侍郎，早结道友，以药术为事。与故京兆元少尹，晚为诗侣，有林泉之期。周岁之间，二君长逝，李住曲江北元居升平西追感旧游，因贻同志》，既云"周岁之间"，自应卒于长庆二年（822）。且长庆三年（823）白居易已在杭州，更不应见于长安诗中。文集序文说是长庆三年（823），想是刊误。又有诗自注云："时李十一侍郎诸子尚居忧，崔二十二员外三年卧病。""刘三十二校书殁后，尝梦见之。元八少尹今春樱桃花时长逝。"按：李十一即李建，崔二十二为崔韶，字虞平。《商山路有感》诗序云："刑部李十一侍郎、户部崔二十员外，亦自澧、果二郡守征还，相次入关，皆同此路。……二君已逝，予独南行。"知崔韶不久亦即逝世。刘三十二名敦质，字太白。元八即元宗简。唯此云"樱桃花时长逝"，则又非冬季也。

可以说仅次于元稹，但是两年间相继逝世。所以他说："从哭李来伤道气，自亡元后减诗情。"同时，白居易的另一好友——武宁军节度使崔群，在长庆二年（822）三月，因为徐州军乱，被王智兴用武力驱逐。王智兴大掠汴河诸道进奉物和盐铁院钱帛。朋友们有的死亡，有的变节，有的遭谪贬，有的遭受逆乱；而皇帝昏庸，国势更加衰微，人民更遭涂炭，因此白居易感到"宦途气味已谙尽"，决定不在朝争名，宁愿请求外任。

　　白居易过去在长安，多半是赁居。这次却在新昌里买了一处房子。新昌里靠近东城根，"丹凤楼当后，青龙寺在前"①，地方很偏僻，房子也不宽绰。不过白居易喜欢它堂前有松，窗下有竹，所以举家二十口，都住在一起了。②白行简这时也在长安，新授拾遗。白敏中也在长庆二年（822）登进士第。白居易的祖父和父亲都是明经出身，终生不离佐贰，连长兄白幼文也一生是风尘下吏。从白居易开始才改换门庭，所以《喜敏中及第，偶示所怀》诗中说："自知群从为儒少，岂料词场中第频。桂折一枝先许我，杨穿三叶尽惊人。"自注说："始予进士及第，行简次之，敏中又次之。"弟兄三进士，在当时说来，也足以自慰了。同时，白居易在擢为中书舍人时，阶勋全都升擢。阶从将仕郎加朝散大夫，勋授上柱国。《初加朝散大夫又转上柱国》云："柱国勋成私自问，有何功德及生人。"③

---

① 《新昌新居书事四十韵，因寄元郎中、张博士》。
② 《庭松》："去年买此宅，多为人所咍。一家二十口，移转就松来。"
③ 唐制：文官九品，合上下正从凡三十等。文散阶也有二十九等，另外还有勋级共十二等。朝散大夫是第十七阶，上柱国是最高勋。

友人中，张籍在穆宗朝也比较得意，长庆二年（822）从秘书郎改国子博士，又除水部员外郎。此时，白居易和韩愈的来往也比较多。

长庆二年（822）七月十四日，白居易由中书舍人除杭州刺史。

这时不仅王智兴割据徐州，而且汴州兵又乱，宣武节度使李愿奔郑州，乱兵拥李齐为留后。所以汴河路完全不通，白居易只好仍取道襄汉赴任。有《长庆二年七月自中书舍人出守杭州，路次蓝溪作》一诗，可以作为白居易的自序看：

    太原一男子，自顾庸且鄙。
    老逢不次恩，洗拔出泥滓。
    既居可言地，愿助朝廷理。
    伏阁三上章，戆愚不称旨。
    圣人存大体，优贷容不死。
    凤诏停舍人，鱼书除刺史。
    冥怀齐宠辱，委顺随行止。
    我自得此心，于兹十年矣。
    余杭乃名郡，郡郭临江汜。
    已想海门山，潮声来入耳。
    昔予贞元末，羁旅曾游此。
    甚觉太守尊，亦谙鱼酒美。
    因生江海兴，每羡沧浪水。
    尚拟拂衣行，况今兼禄仕。

> 青山峰峦接，白日烟尘起。
>
> 东道既不通，改辕遂南指。
>
> 自秦穷楚越，浩荡五千里。
>
> 闻有贤主人，而多好山水。
>
> 是行颇为惬，所历良可纪。
>
> 策马度蓝溪，胜游从此始。

　　这次走的虽然是旧路，但是白居易的心情和以前不同。这次他深深感觉到长安城里翻云覆雨，世途险恶，"高有罾缴忧，下有陷阱虞。每觉宇宙窄，未尝心体舒"[①]。因此这次赴杭，是"往若投渊鱼"[②]，大有从此获得解放的心情。所以才说"是行颇为惬"，又说"胜游从此始"。白居易对长安是没有什么可留恋的了，因此一路上看见枯桑，便说："皮黄外尚活，心黑中先焦。有似多忧者，非因外火烧。"[③] 看见山雉，便叹息那些笼中鸡和池中雁，认为"既有稻粱恩，必有牺牲患"[④]。走上山路，便说"假使在城时，终年有何乐"[⑤]。走上水路，便说"不知两掖客，何似扁舟人"[⑥]。当然白居易没有完全忘记人民，不过在朝既不能有所作为，就不得不求理郡。"尚

---

① 《马上作》。
② 同上。
③ 《枯桑》。
④ 《山雉》。
⑤ 《山路偶兴》。
⑥ 《初下汉江舟中作，寄两省给舍》。

想到郡日,且称守土臣。犹须副忧寄,恤隐安疲民。"① 还想在那个恶劣的环境中多少替人民做些事情。

过鄂州,刺史王镒邀宴,临行有《鄂州赠别王八使君》一诗。长庆元年(821),王镒和独孤朗、温造、李肇等与李景俭饮酒。李景俭酒醉谩骂宰相,因此凡同饮的都遭贬官。其余虽在一起饮酒幸而早退的,像冯宿、杨嗣复等也各罚一季俸料。王镒由刑部员外郎贬为鄂州刺史。当时白居易有《论左降独孤朗等状》,认为李景俭饮醉诟辱宰相与别人无关,不应贬斥太多,致使朝臣不敢过从饮宴。穆宗不听。

到洞庭湖,看了那江湖浩荡、一片渺茫,白居易一方面感到洞庭和青草湖,使江水得以宣泄,人民得免垫溺;一方面又痛惜"每岁秋夏时,浩大吞七泽。水族窟穴多,农人土地窄"②。恨不得使大禹再生,把湖水决成膏腴田,好生长禾麦。这当然是一种幻想,但是白居易那种无时不关念人民的精神,却是在诗里表现得很清楚的。

过了洞庭湖就到江州。江州是白居易旧游的地方,旧日的朋友们都来欢迎。白居易又去草堂住了一夜,当年亲自开凿的小池和手种的莲花,以及竹窗萝径,都依然如故。这时白居易为翰林时的朋友钱徽早由江州刺史迁为华州刺史。现在的江州刺史是诗人李渤。李渤在未做官时,也曾和他的哥哥李涉同隐庐山香炉峰下石洞,因为曾养一白鹿,所以就叫作"白鹿洞"。白居易有《题别遗爱草堂

---

① 《初下汉江舟中作,寄两省给舍》。
② 《自蜀江至洞庭湖口有感而作》。

兼呈李十使君》一诗，末尾两句说："君家白鹿洞，闻道亦生苔。"便是说自己既不能久住草堂，李渤也终于不能再隐白鹿洞。李渤离庐山后，又曾隐嵩山，就是韩愈《寄卢仝》一诗中"少室山人索价高，两以谏官征不起"所说的那个"少室山人"，但是现在早不是"山人"了。

从江州再出发，由长江转运河，直到十月一日白居易才到杭州。有《杭州刺史谢上表》。

这时白居易是五十一岁。

历史的温度

牛李党争

李恒长庆元年（821），翰林学士李德裕、元稹借口科举不公，驱逐中书舍人李宗闵出朝。自此德裕、宗闵各立朋党，互相倾轧，凡四十年。

元稹交结宦官魏弘简求得相位。稹不久得罪宦官被逐。李逢吉交结王守澄得相位，出李德裕为浙西观察使。李恒用牛僧孺为相，李德裕疑李逢吉引牛僧孺排斥自己，因此又有牛李的党争。

李昂时裴度荐李德裕为相。李宗闵交结宦官夺取相位，驱出德裕，引武昌节度使牛僧孺入相。二人协力排斥德裕党人。李昂疑忌朝士三分之一结成朋党，又召李德裕入相，德裕同样驱斥宗闵及其徒党。王守澄恶德裕，引用李宗闵，斥逐德裕。李昂长叹道，去河北贼（河北藩镇）易，去朝廷朋党难。李昂与李训、郑注谋杀宦官，斥出李宗闵。李瀍召李德裕为相。这次德裕得召，多少依靠宦官的援引，虽然还不像李宗闵、李逢吉那样卑污，但也未免可讥了。德裕在相位，很有功绩，对敌党却手腕恶劣，用阴谋驱逐牛僧孺、李宗闵等五个旧相。

——节选自范文澜《中国通史简编》

九 未厌余杭

- 筑白堤疏六井
- 徜徉山水
- 吟诗唱和

　　在杭州任官期间，白居易重新疏浚了六井；在西湖筑了一道长堤，以便蓄水灌田，这就是有名的"白堤"。闲暇之余，白居易在杭州湖山间优游。

白居易过去在江州的时候,几乎没有什么职责;在忠州,也因为那里人口稀少,政务清简,只是"龙昌寺底开山路,巴子台前种柳林"①,所谓"腾腾作闲事"②而已。在杭州就不然了,杭州在当时是一个上州,自然就人繁事杂,所以到任后的情形是:

> 鳏茕心所念,简牍手自操。
> 何言符竹贵,未免州县劳。③

因为关心人民的疾苦,就不得不凡事都要亲自动手了。同时又因为来杭州路上,早就想着"恤隐安疲民",所以到达以后,白居易总想做一些对人民有益的事情。《醉后狂言,酬赠萧、殷二协律》一诗写道:

---
① 《代州民问》。
② 《答州民》。
③ 《初领郡政衙退登东楼作》。

九　未厌余杭

> 我有大裘君未见，宽广和暖如阳春。
> 此裘非缯亦非纩，裁以法度絮以仁。
> 刀尺钝拙制未毕，出亦不独裹一身。
> 若令在郡得五考，与君展覆杭州人。

衣被天下，白居易是力所不及了，但是惠及州民，只要时间允许，白居易相信是可以做到的。

杭州有李泌在任时开凿的六井，白居易加以梳理，又在西湖筑了一道长堤，以便蓄水灌田，这就是有名的"白堤"。白居易以为只要"堤防如法，蓄泄及时"，那么，"濒湖千余顷田，无凶年矣"。为了使继任刺史注意这个蓄泄的关键，他又写了一篇《钱塘湖石记》，把刺史应该知道的事情，列为四条，刊在石上，结尾还特别提出："欲读者易晓，故不文其言。"说明白居易无论诗文，总是以易晓都解为目的。读《钱塘湖石记》，我们可以看出白居易关心民生的一片苦心。

白居易虽然忙于公务，但也尽量利用闲暇时间欣赏杭州的湖山美景。杭州在当时就已经是一个非常美丽的城市了，"绕郭荷花三十里，拂城松树一千株"[1]。而且人烟稠密，到处是"鱼盐聚为市，烟火起成村"[2]。每当年节，就更繁华，"灯火家家市，笙歌处处楼"[3]。白居

---

[1] 《余杭形胜》。
[2] 《东楼南望八韵》。
[3] 《正月十五日夜月》。

易是很喜欢杭州的，他说"无妨思帝里，不合厌杭州"[1]，任满改官时还说"在郡诚未厌"[2]。主要是因为在这风物优美的杭州，烦襟滞念，一切都消。想起在长安时，那是"有诗不敢吟，有酒不敢吃"的，哪能像在杭州这样安闲自得呢？

白居易初到杭州时，正好钱徽是湖州刺史，李谅是苏州刺史。[3]铛脚三州，虽然不能见面，但是诗简往来，也能消除不少寂寞。白居易曾经在赠他们的诗中得意地说：

> 霅溪殊冷僻，茂苑太繁雄。
> 唯此钱塘郡，闲忙恰得中。

长庆三年（823）十月，元稹由同州刺史改为越州刺史、浙东观察使。杭越连郡，元稹在过杭州的时候，曾与白居易又一次会面。这时事过境迁，元、白已互相谅解，所以此后诗简唱酬，往来不绝。后来钱徽改官，湖州刺史改为崔玄亮。元、白、崔是同年登第，又都是好友，所以兴致就更好了。

在杭州经常和白居易在一起的，是殷尧藩、周元范、萧悦等人。殷尧藩是白居易的旧友，白居易在未第时就有《别杨颖士、卢克柔、殷尧藩》一诗，所以在《醉中酬殷协律》中说：

---

[1] 《正月十五日夜月》。
[2] 《除官去未间》。
[3] 《全唐诗》载李谅《苏州元日郡斋感怀，寄越州元相公、杭州白舍人》诗一首。李谅，字复言，后终京兆尹。汪立名以吴郡守为李穰，误。

九 未厌余杭

> 泗水亭边一分散,浙江楼上重游陪。
> 挥鞭二十年前别,命驾三千里外来。

看来殷尧藩是白居易特地请来帮忙的。周元范,句曲人。萧悦,兰陵人。萧悦同时也是一位画家,白居易在《画竹歌》中说:"协律郎萧悦,善画竹,举时无伦。"这几个人都是白居易的助手,一方面帮白居易做些行政上的事务工作,另一方面也陪着白居易游宴赋诗。白居易已经五十几岁了,所以总觉得"少年非我伴"[①]。这几个人年纪似乎都比白居易大些。殷尧藩不必说了,面对周、萧二人,白居易也自认为是"脚随周叟行犹疾,头比萧翁白未匀"[②]的,可见都是些老人了。

再有使白居易得到安慰的,就是他那小女儿阿罗。阿罗这时已经是七八岁了。虽然抚养骄骏,却也性识聪明。"学母画眉样,效吾咏诗声"[③],想来是很好玩的。不过父女间老少悬殊,"我齿今欲堕,汝齿昨始生。我头发尽落,汝顶髻初成。老幼不相待,父衰汝孩婴"[④],想起来不免有些伤感。而且白居易此时还没有儿子,看了苏州刺史李谅示男阿武诗,不免要感叹:"自怜沧海畔,老蚌不生珠。"

此外,白居易精神上的慰藉,还有一对白鹤。白居易在植物中特别喜欢松竹,在动物中特别喜欢鹤。喜欢鹤,主要也是喜欢它那

---

① 《夜招周协律,兼答所赠》。
② 《岁假内命酒赠周判官、萧协律》。
③ 《吾雏》。
④ 同上。

种不与鸡鹜同群的皎洁的姿态。他在《病中对病鹤》中说：

> 未堪再举摩霄汉，只合相随觅稻粱。
> 但作悲吟和嘹唳，难将俗貌对昂藏。

这与其是说鹤，不如说是白居易抒发自己当时一种无可奈何的苦痛。

杭州虽然比北方暖，冬天却也要笼火。"暖拥红炉火，闲搔白发头"①，白居易只有从炉火中才感到一种温暖、一种安慰。所以每逢春天撤火时，心里就难免惆怅，所以说："还有惆怅心，欲别红炉火。"②可是如果春寒料峭，不得不再笼火的时候，就又非常高兴了，《重向火》道：

> 火销灰复死，疏弃已经旬。
> 岂是人情薄，其如天气春。
> 风寒忽再起，手冷重相亲。
> 却就红炉坐，心如逢故人。

这种感觉倒不是因为白居易老了。实在是由于当时那个社会太冷漠，只能在红炉火中才感到温暖，感到一种故人相逢的欣畅的心情！

---

① 《闲坐》。
② 《立春后五日》。

九　未厌余杭

这时白居易的身体也不太健康。春来害眼，秋后病肺，经常是"合和新药草，寻检旧方书"①，结果还是"病瘦形如鹤，愁焦鬓似蓬"②。有时候甚至可以把身体当晴雨表：

　　气嗽因寒发，风痱欲雨生。
　　病身无所用，唯解卜阴晴。③

虽然如此，但也无关大体，登山临水，"心情未到不如人"④。有时喝了酒，也曾兴会淋漓地说：

　　醉后歌尤异，狂来舞可难。
　　抛杯语同坐，莫作老人看。

在酒兴中，压抑在白居易心上的烦闷，也会暂时舒散，他仿佛又恢复了那早已失去的青春朝气。

白居易在杭州，诗的产量也很丰富，有《诗解》一首云：

　　新篇日日成，不是爱声名。
　　旧句时时改，无妨悦性情。

---

① 《病中逢秋，招客夜酌》。
② 《新秋病起》。
③ 《病中书事》。
④ 《自叹二首》。

这时白居易的诗,也像杜甫在蜀时那样"老去渐于诗律细",所以也要"旧句时时改",说明伟大的诗人,对于他的作品,永远是越写越不肯草率了事的。

除诗酒外,白居易在杭州的另一种癖好,便是音乐。我们读过白居易的《五弦弹》《琵琶行》等诗,就知道白居易对于音乐是有素养的。到杭州后,杭州的歌舞唤起了他往年任翰林学士,追陪内宴时所欣赏的《霓裳羽衣舞曲》的回忆,于是便也集合了"玲珑箜篌谢好筝,陈宠觱栗沈平笙",奏成《霓裳羽衣曲》。不过似乎只有曲而没有舞,因为排练那样规模浩大的舞,一个杭州刺史的力量是办不到的。不过小规模的舞,像《柘枝》之类,还是可以欣赏的:

> 平铺一合锦筵开,连击三声画鼓催。
> 红蜡烛移桃叶起,紫罗衫动柘枝来。
> 带垂钿胯花腰重,帽转金铃雪面回。
> 看即曲终留不住,云飘雨送向阳台。

《柘枝》是一种二人舞曲。《乐苑》说:

> 此舞因曲为名,用二女童,帽施金铃,抃转有声。其来也,于二莲花中藏,花坼而后见。对舞相占,实舞中雅妙者也。

白居易还有一首《看常州柘枝,赠贾使君》,同时诗人张祜也

九　未厌余杭

有一些咏《柘枝》的诗,可见《柘枝》在当时是很盛行的。

白居易虽然"未厌余杭"①,甚至打算"只拟江湖上,吟哦过一生",但是到长庆四年(824)三月,却以左庶子的职位征还京师。

白居易对这次改官还朝,并不怎样热心,所以在杭州一直流连到五月,才开始动身。白居易在离开杭州的时候,耆老遮路,壶浆满筵。人民惜别的情景,不禁使白居易潸然落泪。《别州民》后四句说:

税重多贫户,农饥足旱田。
唯留一湖水,与汝救凶年。

税重,白居易是无能为力的。白居易所能做到的,只有利用堤防蓄水,使许多田亩免去荒旱而已。有的笔记还说,白居易离开杭州时,官俸也多留在州库,作为公用缓急之需。②虽然是传说,总也必定是有根据的。

白居易为什么对长安那么冷淡呢?当然是有原因的。原来自从于方案件开始,到裴度、元稹一起罢相,李逢吉便独居相位。到长庆三年(823),本来李德裕和牛僧孺都有入相的希望,结果在三月里,却以牛僧孺为中书侍郎同平章事,李德裕仍然是浙西观察使。因此,李德裕以为是李逢吉排挤他,不只恼恨李逢吉,同时也憎恶

---

① 《腊后岁前遇景咏意》。
② 《唐语林》云:"及罢,俸钱多留守库,继守者公用不足,则假而复填,如是五十余年。及黄巢至郡,文籍多焚烧,其俸遂亡。"

牛僧孺。牛李朋党的水火不容，到这时就更进了一步。长庆四年（824）正月，穆宗逝世，唐敬宗（李湛）即位。这个唐敬宗比穆宗更加昏庸，而且即位时才十六岁，游戏无度，不理政事，因此李逢吉就越发跋扈，又构陷李绅，将他贬为端州司马。当时依附李逢吉的人，被称为"八关十六子"。在这种情况下，白居易对长安怎会有热情呢？当然要"无复长安心"[①]了。

这次白居易离杭北上，走的是汴河路，这是三十年前的旧路，但是已经人事全非。过茅城驿时，举目萧条。"地薄桑麻瘦，村贫屋舍低。旱苗多间草，浊水半和泥。"人民生活的苦难，比起江南来，似乎更加沉重了。

直到秋天，白居易才走到洛阳。

从杭州出发，本来说是"我发向关中"[②]的，可是走到洛阳，便决定不再走了，随后就要求分司东都。

白居易既然不想到长安，便在洛阳做退隐的打算。于是他便用杭州残俸另外添上两匹马作价买了故散骑常侍杨凭的宅子。这个宅子在洛阳履道里，占地约十七亩，房屋占三分之一，水占五分之一，竹子占九分之一，中间再点缀上树、桥、道，便俨然是一处理想的园林了。白居易又把从杭州带来的两片天竺石、一对华亭鹤安置在里边。自己或闭门闲坐，或绕水独行，心里没有一点儿牵累。想起那些"十载囚牢客，万里征戍儿"，以及那些锁笼鸟、支床龟、四蹄无歇的驿马、两目昏闭的碨牛，也希望它们都能得到解放，任

---

① 《食饱》。
② 《除官赴阙，留赠微之》。

其所之，各适其性。

白居易是喜欢栽花种树的，他说：

> 从幼迨老，若白屋，若朱门，凡所止，虽一日二日，辄覆篑土为台，聚拳石为山，环斗水为池，其喜山水，病癖如此！①

一日二日，虽不见得，但是白居易每居一处，必加修葺，这是在他的诗里可以得到证明的。就是租住的房屋和官舍，也不例外。这的确是一种非常良好的习惯。"彼皆非吾土，栽种尚忘疲。况兹是我宅，葺藝固其宜。"于是便移花徙竹，力求适意。制科同年，校书郎和中书舍人时都是同官的王起，正在这年（824）的九月以兵部侍郎改为河南尹。王、白是旧友了，所以不只是"王尹贳将马"②，而且王起还替白居易在他那履道里宅中，仿照杭州的款式造了一座"雁齿小红桥"③。

此外，在洛阳，白居易有两个姓皇甫的朋友：一个是皇甫镛，一个就是那有名的散文家皇甫湜。更巧的是他那履道里宅的旁边就是崔家池，也就是崔群家。崔群这时是宣歙观察使，不在洛阳。不过将来退休，自然是邻居了。

这一年，白居易又把自己的文集重编了一次。本来在江州已经

---

① 《草堂记》。
② 《求分司东都，寄牛相公十韵》。
③ 《题小桥前新竹招客》。

结集一次，现在又加入了新作，由元稹代为排缵成为五十卷，凡两千一百九十一首。因为第二年应该改元了①，集里的诗文恰好到这时为止，所以便题名为《白氏长庆集》，元稹给他作的序。

白居易当时有一首《洛中偶作》，前几句仿佛是总结他这一段生活似的：

> 五年职翰林，四年莅浔阳。
> 一年巴郡守，半年南宫郎。
> 二年直纶阁，三年刺史堂。
> 凡此十五载，有诗千余章。
> 境兴周万象，土风备四方。
> 独无洛中作，能不心悢悢。

其实"洛中作"用不着发愁，此后二十来年中，"洛中作"正多呢！

宝历元年（825）正月，牛僧孺因为敬宗荒淫，嬖幸用事，又畏罪不敢直言，便坚决求外任。于是便升鄂岳为武昌军，以牛僧孺为武昌军节度使。宰相便只剩下李逢吉、李程、窦易直三人了。

就在这年的三月，白居易忽然奉诏书改授使持节苏州诸军事守苏州刺史，当时白居易正念着旧诗"花满洛阳城"，欣赏洛阳城东的春光，感叹着"洛阳陌上少交亲，履道城边欲暮春"。诏书到来，就不得不准备到苏州去了。

---

① 长庆四年（824）正月穆宗逝世，敬宗继位，但纪年仍用长庆不改，第二年才改为宝历，因为唐代的制度如此。

九　未厌余杭

三月二十九日，白居易从洛阳出发赴苏州，有《除苏州刺史，别洛城东花》一诗：

> 乱雪千花落，新丝两鬓生。
> 老除吴郡守，春别洛阳城。
> 江上今重去，城东更一行。
> 别花何用伴，劝酒有残莺。

白居易这年五十四岁。

历史的温度

天堂和苏杭

"上有天堂,下有苏杭。"这句话直到今天还挂在人们口边,很自然的一到苏杭,好像自己到了天堂。究竟这句话出于什么时代,就现存记载而论,最早的可能就是范成大《吴郡志》,《吴郡志》五十:"谚曰:天上天堂,地下苏杭。又曰:苏湖熟,天下足。湖固不逮苏,杭为会府,谚犹先苏后杭,说者疑之。白居易诗曰:霅溪殊冷僻,茂苑太繁雄。唯此钱塘郡,闲忙恰得中。则在唐时苏之繁雄,固为浙右第一矣!"范成大南宋初人,当时苏杭天堂之说,成为谚语,可见流传已经很久。我们可以从白居易诗中找到更多的证明。

……如集五十二《和我年三首》云:"我年五十七,荣名得几许。甲乙三道科,苏杭两州主。"

…………

集五十四《咏怀》云:"苏杭自昔称名郡,牧守当今当好官。两地江山蹋得遍,五年风月咏将残。"

集五十六《见殷尧藩侍御忆江南诗》云:"江南名郡数苏杭,写在殷家三十章。君是旅人犹苦忆,我为刺史更难忘。"

——节选自柴德赓《史学丛考》

十 两请长告

政务繁忙
久病不愈
长期告病

在苏州任上，政务颇为繁忙，白居易的身体逐渐吃不消了，因此请假休养了十五天。隔年春天，白居易的身体仍不见好转，此后便长期告病。

白居易这次去苏州，走的还是汴河路。路过汴州时，宣武节度使令狐楚留白居易盘桓了五天。此后，沿途有答刘和州、贾常州诗。刘和州是刘禹锡，贾常州是白居易早年的朋友贾𬤝。白居易五月五日才到苏州。

苏州是一个大郡，在当时是"人稠过杨府，坊闹半长安"[①]的，白居易描写苏州的面貌说：

半酣凭槛起四顾，七堰八门六十坊。
远近高低寺间出，东西南北桥相望。
水道脉分棹鳞次，里间棋布城册方。
人烟树色无隙罅，十里一片青茫茫。[②]

从这里可以看出唐代苏州城的轮廓。洛阳虽然也有水，但是

[①] 《齐云楼晚望，偶题十韵，兼呈冯侍御，周、殷二协律》。
[②] 《九日宴集，醉题郡楼，兼呈周、殷二判官》。

"水北水南秋月夜,管弦声少杵声多"①。苏州就不同了,"绿浪东西南北水,红栏三百九十桥"②。不但如此,而且是"处处楼前飘管吹,家家门外泊舟航"③,这真是唐代的威尼斯城啊!

这样的一个地方,政务自然殷繁,所以白居易到任后就开始忙碌起来,一直忙了三个月,甚至每旬公假也不敢偷闲,晚上也是"贪看案牍常侵夜"④。直到秋天,才算大致就绪,初步掌握了业务,所谓:"朝亦视簿书,暮亦视簿书。簿书视未竟,蟋蟀鸣座隅。"⑤这期间,真是"经旬不饮酒,逾月未闻歌"⑥,苏州许多名胜,也没有时间去欣赏。

白居易治理苏州,大抵也和在忠州、杭州一样,主要是:

> 候病须通脉,防流要塞津。
> 救烦无若静,补拙莫如勤。
> 削使科条简,摊令赋役均。
> 以兹为报效,安敢不躬亲?
> 襦袴提于手,韦弦佩在绅。
> 敢辞称俗吏,且愿活疲民。⑦

---

① 《卧疾》。
② 《正月三日闲行》。
③ 《登阊门闲望》。
④ 《霓裳羽衣歌》。
⑤ 《题西亭》。
⑥ 《题笼鹤》。
⑦ 《自到郡斋,仅经旬日,方专公务,未及宴游,偷闲走笔,题二十四韵,兼寄常州贾舍人、湖州崔郎中,仍呈吴中诸客》。

白居易为了使人民在一定的程度上能够稍稍松一口气,就不惜朝朝暮暮地看簿书,即使被称为"俗吏",也在所不顾了。

因为工作太忙,白居易的身体便支持不住了,因此曾请假休养了十五天。秋后,为了替皇帝拣选贡橘,他乘机往太湖一游。在湖上流连了五六天,精神似乎一振。

这时元稹仍以浙东观察使在越州,湖州刺史还是崔玄亮,常州刺史是贾餗,三郡间诗札时常往来。刘禹锡是和州刺史,虽然稍远,却也不断酬赠。同时白行简也由左拾遗转司门员外郎,迁主客郎中,加朝散大夫。官衔和当年白居易从忠州返朝时一样,白行简这年五十岁。

另外,一些旧日友人,像樊宗师、李景俭、吴丹、韦颛都相继去世,所谓"樊李吴韦尽成土"[1],不能不令白居易难过。后来,他又为亡友元宗简的文集作序,心情就更低落了。

白居易在苏州时期,心情不如在杭州时愉快,"自觉欢情随日减,苏州心不及杭州"[2]。苏州虽然也有笙歌,可是白居易在对雪听歌的时候,却不由得觉得"歌乐虽盈耳,惭无五袴谣"[3]。自己虽然管领着十万户州,享受着两千石禄,可是"重裘每念单衣士,兼味常思旅食人",虽然打算"欲回歌酒暖风尘"[4],但是饥寒人多,自己却无能为力,哪儿还有心情赏雪听歌呢?

---

[1] 《花前叹》。
[2] 《岁暮寄微之三首》。
[3] 《西楼喜雪命宴》。
[4] 《题新馆》。

十 两请长告

宝历二年(826)春天,白居易身体还是不好,"春来痰气动,老去嗽声深"①。在这种情况下,不料又坠马受伤,于是他整个春天都卧病在床,"三旬卧度莺花月,一半春销风雨天"②。同时敬宗的朝政也着实使白居易感到无望,所以此后他便长期告病,准备退休。《自咏五首》之一说:

> 一家五十口,一郡十万户。
> 出为差科头,入为衣食主。
> 水旱合心忧,饥寒须手抚。
> 何异食蓼虫,不知苦是苦。

在这里,白居易深深地感到所谓刺史不过是一个"差科头",要不断向人民催租要税,平时还好,一旦遇到水旱灾荒,功令既不准豁免,自己又于心不忍,到那时岂不是自寻苦恼!同时白居易的至亲家属,不过是"身兼妻子都三口"③,但是做起官来,寄食人多,要担负起五十人的衣食,自己究竟是为谁忙碌呢?如果说是为人民,人民实际上并没有得到什么好处;如果说是为自己,自己实际上不需要太多钱财。何况白居易早已不希望得到再高的官爵了,如果还是为之不已,岂不是和食蓼虫一样了吗?所以他在另一首诗中说:

---

① 《自叹》。
② 《病中多雨逢寒食》。
③ 《自喜》。

> 公私颇多事，衰惫殊少欢。
> 迎送宾客懒，鞭笞黎庶难。
> 老耳倦声乐，病口厌杯盘。
> 既无可恋者，何以不休官？

事多任重，本已不堪，再加上既是"差科头"，就得鞭笞黎庶，这在别人，也许无所谓，但白居易却感到为难了。苏州虽然是歌吹无限，白居易却是心情不佳。连饮酒，也因为生病而不感趣味了。那么再在苏州待下去，岂不是痛苦更深？何况这时自己已经是"洛中有小宅，渭上有别墅"①，归休有处，还有什么可留恋的呢？

八月里，白居易又想起从前的怪梦，梦见自己被贬岭南，在泥雨里踽踽独行②，这就更使白居易不寒而栗。这倒不是迷信，事实说明，在专制王朝，任何始终坚持真理的人，是无时不有着被贬斥的恐惧的。所以在百日假满，准许休官的时候，白居易真是高兴极了，有《喜罢郡》一诗：

> 五年两郡亦堪嗟，偷出游山走看花。
> 自此光阴为己有，从前日月属官家。
> 樽前免被催迎使，枕上休闻报坐衙。
> 睡到午时欢到夜，回看官职是泥沙。

---

① 《自咏五首》。
② 《宝历二年八月三十日夜梦后作》："尘缨忽解诚堪喜，世网重来未可知。莫忘全吴馆中梦，岭南泥雨步行时。"

不过白居易对苏州也不是没有感情，尤其是在离开苏州的时候。苏州百姓临水拜别，随着白居易的船送过十里[1]，这就不能不使白居易感动，"襦袴无一片，甘棠无一枝。何乃老与幼，泣别尽沾衣"[2]。人民虽然感念白居易的照顾，但是白居易却仍以未带给人民好处而感到惭愧。

白居易离开苏州，总在九月以后。这时刘禹锡也任满返京，刘、白在扬州会合，两个人在扬州又盘桓了半个月，几乎把扬州名胜全游遍了。[3]

白居易这次北返，走得非常从容。从京口到入淮，不过四百里，却走了二十天。[4]从楚州（淮安）再出发，就已经是旧历除夕了。[5]同时由于有刘禹锡同行，路上颇不寂寞。

太和元年（827）春，过荥阳[6]，那是白居易出生的地方，以前离去的时候，才不过十一二岁；现在重来，却已经五十六岁了。相隔四十多年，已经是"旧居失处所，故里无宗族"[7]了。只有溱水、洧水[8]还依旧而已。

在白居易的返乡途中，不料发生了一件不幸的事情：白居易的

---

[1] 《别苏州》："青紫行将吏，斑白列黎氓。一时临水拜，十里随舟行。"
[2] 《答刘禹锡白太守行》。
[3] 《与梦得同登栖灵塔》："半月悠悠在广陵，何楼何塔不同登。"
[4] 《自问行何迟》："前月发京口，今辰次淮涯。二旬四百里，自问行何迟。"
[5] 《除日答梦得同发楚州》："共作千里伴，俱为一郡回。"
[6] 白诗称荥阳，举旧称也。
[7] 《宿荥阳》。
[8] 溱水、洧水合流，即今双洎河。

弟弟白行简在宝历二年（826）冬天，因病逝世。白行简，字知退，有集二十卷，今不存。但是他的《李娃传》和《三梦记》却是唐代以来有名的小说。

在白居易行路途中，还有一件大事，就是唐敬宗由于整天荒戏，随便鞭挞宦官，在宝历二年（826）十二月八日被击球军将苏佐明等杀害了。宦官刘克明等以绛王李悟勾当军国事。可是其他资格比较老的宦官，像王守澄、梁守谦等却不赞成，发动神策飞龙兵迎江王李涵入宫讨乱。结果刘克明、李悟等全被乱兵杀害，李涵改名李昂，即皇帝位，就是唐文宗。

唐文宗即位以后，擢翰林学士韦处厚为中书侍郎同平章事，和裴度并为宰相。韦处厚是白居易的科制同年，白居易在忠州时，韦在开州，长庆年间（821—824）返朝，两人同为中书舍人，并且曾经一同前往普济寺受八戒。唐文宗鉴于穆宗、敬宗的结局，即位后便一反穆、敬两朝的弊政。太和元年（827）正月，陆续地由宣歙调崔群为兵部尚书，由东都调李绛为太常卿，由广州调崔植为户部尚书，由华州调钱徽为尚书右丞，再加上白居易的旧友裴度，贞元以来的旧臣，差不多都到了长安。这些人又都是白居易一向要好的朋友，所以白居易退居洛阳的计划，便不可能实现了。

白居易是太和元年（827）春天到洛阳的。到洛阳后，还没有来得及收拾他的园林，在三月十七日，便被征为秘书监，赐金紫。秘书监是秘书省的长官，是一个三品的大官。贞元年间，白居易在秘书省做过校书郎，现在也可以说是旧地重游了。同时白居易也喜欢秘书监这个官职，因为秘书省只是管理图书，不管政事，"专掌图书无过地,遍寻山水自由身"①。虽然是住在长安,仍然可以到处闲行。当时正好杨汝士为职方郎中,庾敬休为吏部侍郎,每逢出门,"不向杨家即庾家"②。这时白居易还是住在新昌里,有时去兴化里裴度处吟诗,有时去韦处厚处谈佛。有时张籍老远从东城来访白居易,由于路太远,便留下来联床夜话。总之,秘书监是一个闲官,白居易仍然是无心政事的。

年底,白居易奉命赴洛阳。什么任务不十分清楚,大概总不是什么急事,因为他自称是"闲官兼慢使"③的。别人都是在驿路上风驰电掣,白居易却是"日驰一驿向东都"④。任务既不急促,行路也不用着忙。到洛阳后,他又一直住到春暮,才返回长安。

太和二年(828)二月十九日,白居易由秘书监改授刑部侍郎。刑部侍郎是司法官,白居易过去在《秦中吟十首》中曾经讽刺过那些秋官廷尉,只知道征歌选舞,对于狱囚饥冻无动于衷。现在自己也是秋官了,便不能不有所警惕,所以他曾经这样告诫自己:

秋官月俸八九万,岂徒遣尔身温足。
勤操丹笔念黄沙,莫使饥寒囚滞狱。⑤

---

① 《闲行》。
② 《闲出》。
③ 《酬皇甫宾客》。
④ 《奉使途中,戏赠张常侍》。
⑤ 《和自劝二首》。

这时白居易的侪辈,杜元颖是西川节度使,李程是太原尹、河东节度使,令狐楚是宣武节度使,牛僧孺是武昌军节度使,李绛是兴元节度使,元稹是浙西观察使,崔群是兵部尚书,都曾身兼使相。就是一些晚进,也都跃登要津。自己却两鬓如霜仍不得志,再加上眼病头风,身体也无法支持,几经思维,觉得"终是不如山下去,心头眼底两无尘"①。

这时白行简已逝世两年,年底大祥,有《祭弟文》,在祭文中他描写自己的心情:

> 吾去年春,授秘书监,赐紫;今年春,除刑部侍郎。孤苦零丁,又加衰疾;殆无生意,岂有宦情?所以偲偲至今,待终龟儿服制。今已请长告,或求分司,即拟移家,尽居洛下,亦是夙意,今方决行。养病抚孤,聊以终老。

这年(828)十二月,中书侍郎同平章事韦处厚暴卒,明年正月里,京兆尹孔戡、华州刺史崔植、吏部尚书致仕钱徽,半月之间相继去世,一种无常之感袭来,这就使白居易更加消沉。

> 微酣静坐未能眠,风霰萧萧打窗纸。
> 自问有何才与术,入为丞郎出刺史。
> 争知寿命短复长,岂得营营心不止。

---

① 《晚从省归》。

十 两请长告

请看韦孔与钱崔,半月之间四人死。①

这时白居易已经五十七岁,随班趁朝,已感无力。宦途险恶,更怕一旦遭遇意外,那时想退身也来不及了。"人间祸福愚难料,世上风波老不禁。万一差池似前事,又应追悔不抽簪。"② 白居易是决心要退休了。百日长告期满,在太和三年(829)春天,便以太子宾客分司东都。出都时,他在京的朋友们,以裴度为首,集会在兴化里池亭送别。

白居易有《长乐亭留别》一诗:

灞浐风烟函谷路,曾经几度别长安。
昔时戚促为迁客,今日从容自去官。
优诏幸分四皓秩,祖筵惭继二疏欢。
尘缨世网重重缚,回顾方知出得难。

白居易这次出都,就是最后一次了。以后直到逝世,他再也没来长安。

---

① 《和自劝二首》。
② 《戊申岁暮咏怀三首》。

历史的温度

宦官专权

唐代宦官专权从玄宗时的高力士开始。高力士没有掌握禁军,还不能专横。当时另一个有权的杨思勖,则多领兵出征,与中朝的政治关联不多。

李辅国拥戴肃宗即位,掌握了军权,这是宦官真正专权的开始。

……………

唐代宦官专权的恶劣影响是:一、他们和他们控制下的禁军的将领横暴地进行土地兼并,尤以在京畿一带为甚;二、中央政权的高级官吏和地方的节度使往往通过贿赂宦官来取得,这就使政治愈加腐败,官吏对人民的剥削愈益加重;三、除中央禁军由宦官直接控制外,在方镇军中,在将帅出征的军中,也都有宦官做监军。在中央控制的方镇军中,监军有时权力反出藩帅之上,将帅出征,监军又常以己见指挥军事,使军令不能统一,统将不得专进退,这就削弱了军队的战斗力。

——节选自汪篯《汪篯汉唐史论稿》

十一 再授太子宾客分司

幼子早夭
元稹去世
刘白唱和

幼子阿崔和好友元稹相继去世，使白居易无限伤感。和刘禹锡的相遇使白居易一展愁眉，两人相谈甚欢，此后他们有颇多唱和诗篇，白居易将这些诗编成《刘白吴洛寄和集》。

白居易这次出都，是没有程限的。所以在过峡州时，赠诗给陕虢观察使王起说："但问主人留几日，分司宾客去无程。"这时那个以写宫词闻名的诗人王建是陕州司马，白居易也和他有诗酬答。

太和三年（829）四月，白居易才回到洛阳。《归履道宅》一诗写道：

驿吏引藤舆，家僮开竹扉。
往时多暂住，今日是长归。
眼下有衣食，耳边无是非。
不论贫与富，饮水亦应肥。

白居易这时早已知道过去那种"兼济天下"的抱负是无法实现的，而且朋党已分，倘再贪恋官职，留在长安，难免惹上麻烦。"蛾须远灯烛,兔勿近置罘"①,又何必要惹火烧身、自投罗网呢?再加上身弱多病,故人相继去世,就更坚定了白居易退居的决心。宾客分司虽然不能算是完全退休,也总可以算是一个"中隐"②。洛阳既有山水,又有园林,还有许多朋友,住起来也不会寂寞。分司官虽然是官,可是既无职掌,也没有风险。"终岁无公事",可是"随月有俸钱"③,为个人打算,可以说是再好不过的职位了。这种止足思想,虽然有时不免庸俗,但是我们要知道,在当时那个历史环境中,白居易的这种不合作的独立精神,仍然是非常可贵的。所以无论在当时还是之后,白居易这种独立的精神,一直是被人赞许的。

这时,东都留守是令狐楚,河南尹是冯宿,都和白居易有很好的交谊。更使白居易高兴的,是老朋友崔玄亮在这年春天,虽然由秘书少监改除曹州刺史,但是谢病不就,也来洛阳闲居。崔玄亮"济源有田,洛下有宅"④,本来可以和白居易做个"幽栖伴侣",但是时间却并不长久,太和四年(830)就又以太常少卿被召赴京。

太和三年(829)九月,元稹由浙东观察使改为尚书左丞,入京时路过洛阳,元、白又一次会面。白居易和元稹自从贞元末年结交以来,三十年间,别多会少。从元和五年(810)元稹被贬为江

---

① 《想东游五十韵》。
② 《中隐》:"大隐住朝市,小隐入丘樊。丘樊太冷落,朝市太嚣喧。不如作中隐,隐在留司官。"(节选)
③ 《中隐》。
④ 《唐故虢州刺史赠礼部尚书崔公墓志铭》。

陵士曹，在沣上一别之后，元和十四年（819）忠州路上在峡州再别，长庆三年（823）元稹赴越州在杭州和白居易三别，所以白居易诗中说是"沣头峡口钱唐岸，三别都经二十年"①。这次白居易又送元稹到临都驿，不料这次分别，就成为元、白的永诀了。后来，白居易在《祭微之文》中记述这次分别的情况：

> 唯近者公拜左丞，自越过洛，醉别愁泪，投我二诗云："君应怪我留连久，我欲与君辞别难。白头徒侣渐稀少，明日恐君无此欢。"又曰："自识君来三度别，这回白尽老髭须。恋君不去君须会，知得后回相见无。"吟罢涕零，执手而去。私揣其故，中心惕然！

这是一篇祭文，语调难免凄凉。从他们酬赠诗句中所流露出来的黯然情绪来看，也可以证明白居易所说的"醉别愁泪"，是他的真情流露了。

太和三年（829）冬天，白居易和元稹各得一子，白居易的儿子叫阿崔，元稹的儿子叫道保。

这一年，元稹入朝以前，李德裕就由浙西观察使入为兵部侍郎。当时李德裕很有当宰相的希望，可是吏部侍郎李宗闵由于得到宦官的帮助，升为同平章事。李宗闵怕李德裕在朝被大用，对其排挤，九月李德裕出为滑州刺史、义成军节度使。太和四年（830）

---

① 《酬别微之》。

十一　再授太子宾客分司

正月，武昌军节度使牛僧孺来朝，李宗闵便引荐牛僧孺为兵部尚书、同平章事；同时以尚书左丞元稹充武昌军节度使，代牛僧孺，另用陕虢观察使王起为左丞。从此牛、李共同排斥李德裕，士大夫间朋党之争，就进入更激烈的阶段。文宗朝，两党旅进旅退；到武宗朝，李德裕全盛；宣宗朝，牛僧孺又垄断朝政。一般朝臣，没有不陷入牛李朋党之中的。白居易和李宗闵、牛僧孺都有交情，白居易的姻亲杨虞卿和李宗闵走得更近，当时号为"党魁"。李德裕虽然不满意白居易，可是白居易的朋友元稹、李绅和刘禹锡等，却都和李德裕交情不错。但是白居易却决不因为这些交情的关系，参与到这种毫无原则的政治纠纷中去。

太和四年（830）二月，兴元军乱，白居易的旧友兴元尹李绛全家遇害。白居易和李翱共同写下《祭李司徒文》，祭文中说：

> 居易应进士时，以鄙劣之文，蒙公称奖。在翰林日，以拙直之道，蒙公扶持。公虽徇公，愚则受赐。或中或外，或合或离，契阔绸缪，三十余载。至于豆觞之会，轩盖之游，多奉光尘，最承欢惠。眷遇既深于常等，痛愤实倍于众情，永诀奈何，长恸而已。

可以看出白居易和李绛以往的一段关系。

夏初，白居易写下《归来二周岁》一诗。这时白居易的生活，除了到龙门游山外，就是闭门索居了。《偶吟二首》之一说：

> 晴教晒药泥茶灶,闲看科松洗竹林。
> 活计纵贫长净洁,池亭虽小颇幽深。
> 厨香炊黍调和酒,窗暖安弦拂拭琴。
> 老去生涯只如此,更无余事可劳心。

这首诗可以当作他这时生活的素描。

不料到十二月里,在一个下雪的早晨,白居易正守着暖炉,卯酒消寒的时候,忽然黄纸除书到来,他被任为河南尹。①

白居易这时头风目眩,有加无瘳②,对任河南尹虽然迟疑,却还是就职了。《除夜》一诗云:

> 病眼少眠非守岁,老心多感又临春。
> 火销灯尽天明后,便是平头六十人。

太和五年(831),白居易在河南尹任。不过这一年对白居易说来却是不愉快的一年。首先在他五十八岁时才出生的阿崔,忽然死了,当时才不过三岁。阿崔生后,白居易很高兴,有《喜老自嘲》和《阿崔》等诗。因此阿崔死后白居易就更伤心,有《哭崔儿》《初丧崔儿报微之晦叔》及《府斋感怀酬梦得》诸诗。所谓"文章十帙

---

① 《早饮醉中除河南尹敕到》:"雪拥衡门水满池,温炉卯后暖寒时。绿醅新酎尝初醉,黄纸除书到不知。厚俸自来诚忝滥,老身欲起尚迟疑。应须了却丘中计,女嫁男婚三迳资。"

② 《病眼花》:"头风目眩乘衰老,只有增加岂有瘳。"

官三品,身后传谁庇荫谁",白居易从此"怀抱又空天默默,依前重作邓攸身"了。

不料到七月,元稹又死了。

元稹自从入朝后,似乎还颇想振作。只是由于平常没有什么威望,一般人不怎么推崇他。所以在太和四年(830),又被贬为武昌军节度使。太和五年(831)七月二十二日突遇暴病,一日即死,享年五十三岁。白居易在八月有《哭微之二首》,十月有《祭微之文》;第二年祔葬咸阳,白居易又有《元相公挽歌词三首》。此外又为元稹作墓志铭。元氏家人把元稹遗物,臧获、舆马、绫帛和银鞍玉带之物,约值六七十万,送给白居易作为墓志铭"谢文之贽"。但是白居易顾念他和元稹的友谊,"文不当辞,贽不当纳",秦洛间往返推辞,至于再三。迫不得已,白居易便把这笔钱物施给香山寺,作为重新修葺香山寺的费用,并写《修香山寺记》一文,说明这件事。

冬天,刘禹锡由礼部郎中改为苏州刺史。刘禹锡在过洛阳的时候,停留了十五天,和白居易"朝觞夕咏,颇极平生之欢"[①]。

白居易在杭州时想使人民住在他那理想的"大裘"里,在洛阳因为自己新制了一件绫袄,看到人民的饥寒,便又想起"大裘"来了。《新制绫袄成,感而有咏》一诗云:

水波文袄造新成,绫软绵匀温复轻。

---

① 《与刘苏州书》。

> 晨兴好拥向阳坐，晚出宜披蹋雪行。
> 鹤氅毳疏无实事，木棉花冷得虚名。
> 宴安往往欢侵夜，卧稳昏昏睡到明。
> 百姓多寒无可救，一身独暖亦何情！
> 心中为念农桑苦，耳里如闻饥冻声。
> 争得大裘长万丈，与君都盖洛阳城！

自己穿上了新制的绫袄，却对当时贫苦的劳动人民感到歉疚，白居易一生在感情上都是和贫苦人民息息相通的。白居易在任河南尹时，对人民的态度，是"推诚废钩距，示耻用蒲鞭"[①]的。这种推诚相待、不忍鞭挞黎庶的精神，说明白居易是热爱人民的。

在这一年里，白居易曾到济源游王屋山，又曾到嵩山游龙潭寺和少林寺。白居易虽然衰病，但是体力尚存，所以他在《不准拟二首》中说：

> 多于贾谊长沙苦，小校潘安白发生。
> 不准拟身年六十，游春犹自有心情。

太和六年（832）八月，白居易的旧友、吏部尚书崔群逝世。崔群，字敦诗，与白居易同入翰林。元和十二年（817）裴度出讨淮西崔群继相，直到元和十四年（819）才因为唐宪宗任用皇甫

---

① 《七年春题府厅》。

铧和程异,被贬为湖南观察使。太和初,崔群由宣歙池观察使入为兵部尚书,那时白居易在做刑部侍郎。白居易在祭文中记述当时的情况说:

> 南宫多暇,屡接游遨。
> 竹寺雪夜,杏园花朝。
> 杜曲春晚,潘亭月高。
> 前对青山,后携浊醪。
> 微之梦得,慕巢师皋。
> 或征雅言,酬咏陶陶。
> 或命俗乐,丝管嘈嘈。

可见崔、白当时的契合。不久崔群又被贬为荆南节度使,到白居易做河南尹的时候,崔群又入为吏部尚书。白居易和崔群是同庚,崔群在洛阳的宅第又和白居易的履道里宅"门巷相连",两人曾约定将来退休时,优游养老,不料崔群却卒于长安。

白居易、崔群、刘禹锡,三人都是大历七年(772)壬子岁生的。白居易曾有诗说"何事同生壬子岁,老于崔相及刘郎",白居易是正月的生日,所以比起崔、刘来,可以说是老些。崔群死后,白居易《寄刘苏州》一诗说:

> 去年八月哭微之,今年八月哭敦诗。
> 何堪老泪交流日,多是秋风摇落时。

> 泣罢几回深自念，情来一倍苦相思。
> 同年同病同心事，除却苏州更是谁？

这时白居易和刘禹锡往来的诗篇很多，白居易把这些诗编成一卷，与之前的《刘白唱和集》放在一起，共成三卷，重新命名为《刘白吴洛寄和集》。

另一个旧友——西川节度使杜元颖，由于在西川任上，南诏侵入成都西郊，责授循州司马，在这年的十二月死在循州。杜是白居易的进士同年，所以白居易诗说：

> 同岁崔何在，同年杜又无。
> 应无藏避处，只有且欢娱。①

故人纷纷逝世，使白居易伤感，更感到自己的余年无几。

白居易对河南尹本无留恋，所以常说：

> 只合居岩窟，何因入府门。
> 年终若无替，转恐负君恩。②

到太和七年（833），白居易在河南尹任上已经是"因循涉四

---

① 《七年元日对酒五首》。
② 《岁暮言怀》。

年"①了，就更感到"虽非好官职，岁久亦妨贤"②，决计要避位了。

太和六年（832）十二月，牛僧孺罢相，改充淮南节度使，经过洛阳。白居易在《洛下送牛相公出镇淮南》一诗中写道：

> 阃外君弥重，樽前我亦荣。
> 何须身自得，将相是门生。

牛僧孺在元和三年（808）应制科的时候，白居易是覆策官，所以说牛僧孺是门生。

太和七年（833）二月，李德裕入相；六月，李宗闵罢相出为山南西道节度使。其他牛党人物——给事中杨虞卿、中书舍人杨汝士、户部郎中杨汉公、中书舍人张元夫、左散骑常侍张仲方、给事中萧澣，都被李德裕所排挤，纷纷外任。政治上的风向变动了，白居易更想摆脱目前的生活。他早在二月间便因病长告，到四月，罢河南尹，再授太子宾客分司。

白居易罢河南尹后，恰巧崔玄亮也由谏议大夫长告返洛。白居易在诗中说"归来不说秦中事，歇定唯谋洛下游"③，崔玄亮之所以不说秦中事，是因为对时政感到无可奈何。所谓秦中事，就是指宰相宋申锡为郑注所构陷而入大狱，当时坐死和流窜的有数百人。这是宦官和朝臣间的一次大规模的斗争。由于崔玄亮苦谏，宋申锡才

---

① 《七年春题府厅》。
② 同上。
③ 《赠晦叔忆梦得》。

免死,贬为开州司马。那是太和五年(831)的事情。

不过白居易虽然有崔玄亮同游,却更想刘禹锡到来,所以在赠崔玄亮的诗中说:"得君更有无厌意,犹恨樽前欠老刘。"[①]但世事不尽如人意,崔玄亮在洛阳并没有住下,而改为虢州刺史;更料不到的是崔玄亮才到虢州,就在这年(833)的七月十一日逝世。不仅"老刘"没有来,崔玄亮也从此永别了。白居易《哭崔常侍晦叔》一诗道:

> 垂老忽相失,悲哉口语心。
> 春日嵩高阳,秋夜清洛阴。
> 丘园共谁卜,山水共谁寻?
> 风月共谁赏,诗篇共谁吟?
> 花开共谁看,酒熟共谁斟?
> 惠死庄杜口,钟殁师废琴。
> 道理使之然,从古非独今。
> 吾道自此孤,我情安可任?
> 唯将病眼泪,一洒秋风襟!

又有《微之、敦诗、晦叔相次长逝,岿然自伤,因成二绝》,其中之一道:

[①] 《赠晦叔忆梦得》。

长夜君先去,残年我几何?

　　秋风满衫泪,泉下故人多。

　　白居易的故人中,还健在的越来越少了,这无疑使白居易在精神上备受煎熬。再加上朝政日非,前途无望,白居易就更觉得意兴阑珊了。

历史的温度

隋唐的乐舞

隋和唐初，宫廷乐舞中占主导地位的是谯享时演奏的燕乐。燕乐是宫廷宴会时演奏的，是宫廷礼乐的一部分。隋炀帝定九部乐，唐太宗改为十部乐，有燕乐、清乐、西凉乐、天竺乐、高丽乐、龟兹乐、安国乐、疏勒乐、高昌乐和康国乐。其中燕乐和清乐是汉族的传统音乐。西凉乐是十六国时期在凉州一带形成的，它融合了中原旧乐和龟兹乐，乐器有中原的钟、磬、笙、箫，南方的法螺（贝）和西域的竖箜篌、横笛等。龟兹乐传入内地后，其声亦多变易。它的十五种乐器中有六种是鼓。周隋以来，管弦杂曲多用西凉乐，鼓舞曲多用龟兹乐。

高宗以后，艺术家根据民族传统，吸取了边疆民族和邻近国家乐舞的精华，创作了许多新的乐舞，逐渐形成了坐立二部伎，十部乐逐渐废亡。坐部伎舞队规模较小，只有三至十二人，乐队在堂上坐着演奏。立部伎舞队规模很大，有六十至一百八十人，乐队站着演奏。

——节选自翦伯赞《中国史纲要》

十二 老戒

园林生活
甘露之变
宦官专权

　　白居易在洛阳的生活很清闲，浇畦、扫径，收拾他自己那小小的园林。与此同时，长安城内发生政变，唐文宗想铲除宦官，结果以失败告终，反被宦官把持朝政。

同时和白居易以太子宾客分司东都的还有皇甫镛、张仲方和李绅，也都是白居易的故人。四皓同时，也可以算是巧遇。白居易有《赠皇甫六、张十五、李二十三宾客》一诗。

　　不过这几个人里面，只有皇甫镛是从皇甫镈为相以来就甘心散秩的，张、李二人却不同。张仲方是因为和李德裕有隙，才由左散骑常侍出为宾客分司的；而李绅却又因为和李德裕交好，所以不久后就改除浙东观察使。

　　刘禹锡这时仍在苏州，因为考绩为天下最，特获赐金紫，并且由苏州给白居易寄来华亭鹤一只。白居易是喜欢鹤的，以前从苏州带来的一双送给裴度了，现在总算由刘禹锡又把这个缺憾补足了。

　　秋天，和张仲方、舒元舆同游龙门，在《秋日与张宾客、舒著作同游龙门，醉中狂歌》中，白居易说出自己的真心话：

昼游四看西日暮，夜话三及东方明。
暂停杯箸辍吟咏，我有狂言君试听。

十二 老戒

丈夫一生有二志，兼济独善难得并。

不能救疗生民病，即须先濯尘土缨。

这是他在《与元九书》中的"穷则独善其身，达则兼济天下"的复述。不过早年总想的是"兼济"，现在却是急流勇退，实践"独善"这一主张了。我们知道白居易早就讨厌那些年事已高还贪恋禄位不肯致仕的官员，因此，他就悬为深戒，决不蹈犯。他曾写过一首诗，名字叫《老戒》：

我有白头戒，闻于韩侍郎。
老多忧活计，病更恋班行。
矍铄夸身健，周遮说话长。
不知吾免否，两鬓已成霜。

韩侍郎就是韩愈。白居易把老态说得很露骨，就是表示自己决不尸位素餐。

这年冬天，洛阳气候特别寒冷。白居易在那霜风裂面、冰雪摧轮的时候，晨炊有米，夕爨（cuàn）有薪，有夹帽覆耳，又有重裘裹身，再不时地喝上一杯酒，便觉温暖如春。但是想起：

洛城士与庶，比屋多饥贫。
何处炉有火，谁家甑无尘？

白居易便又不得不觉得惭愧。白居易不是富贵人家出身，所以对人民很关切，虽然做了三品大官，还是未曾改变。白居易的生活本就很俭朴，可是比起人民生活来，他仍然觉得是太过分了。

太和八年（834），白居易过了一个寂寞的春天，唯一的工作便是浇畦、扫径，收拾他自己的那个小小的园林。到三月间，裴度以东都留守来洛阳。裴度历事四朝，"十授丞相印，五建大将旗"①，在中唐是一个有名的人物。当时裴度住在集贤里第，这就使白居易多了一处经常往来的地方。

夏天，白居易从苏州移来的白莲花盛开。这些白莲本来生长在苏州，现在却不管什么"永别江南春"，在洛阳大开特开起来，使白居易又想起西凉遗民来了。

忽想西凉州，中有天宝民。
埋殁汉父祖，孳生胡子孙。
已忘乡土恋，岂念君亲恩。②

唐朝从安史之乱后，西陲完全陷没，许多汉人无法返回故乡。白居易在《新乐府五十首》中有一首《缚戎人》，就是记录这个悲剧的。当时的遗民，不要说不能回来，就是成功归来，也要被官军当作蕃人，配往东南去的。一般君臣将相，苟且偷安，谁还想到多

---

① 《裴侍中晋公以集贤林亭即事诗三十六韵见赠，猥蒙征和，才拙词繁，辄广为五百言，以伸酬献》。
② 《感白莲花》。

十二 老戒

少遗民由于久陷外族,渐渐地要忘记故乡了呢?

就在这个时候,长安城里又在酝酿着新的政变。

唐朝从德宗以来,宦官拥有兵权,所以多兼知枢密的职务。唐宪宗时,虽然裴垍、李绛、白居易等新进分子和宦官做了坚决的斗争,但是宦官集团的势力并没有削弱。到唐宪宗被宦官杀害以后,宦官的气焰就更高了。起初,一些朝臣还以勾结宦官为耻辱,所以像元稹以崔潭峻的关系入相,就为当时人所不齿。可是到现在,却很少有宰相不依附宦官的。李宗闵仰恃杨承和,李德裕连引杨钦义,大家司空见惯,也就不以为意了。不依附宦官的,威望如裴度,也不得久居朝廷。白居易的不乐再居长安和特别推崇裴度,自然也就是由于这个原因。

唐文宗虽然不是一个什么了不得的皇帝,可是并不昏庸。在宦官的劫持之下,他表面虽然包容,心里却实在不堪。所以就利用李训、郑注和宦官的关系来排除宦官。到太和九年(835),李训、郑注逐渐用事,于是首先排去李德裕,贬为袁州长史;其次又排去李宗闵,贬为潮州司户。凡是二李朋党,几乎完全逐斥,朝廷甚至班列欲空。到九月,便以李训、舒元舆并同平章事,和王涯、贾悚四人并相。郑注自求为凤翔节度使,以便掌握一部分武力和宦官对抗。这之间的秘密,就是唐文宗一方面想用李训、郑注来除去宦官,另一方面想用贾悚、舒元舆来破朋党。新政初期,对一向被排挤的旧人,像裴度、令狐楚、郑覃等,都给以很高贵的爵位,同时对白居易也颇想加以掖引。所以在九月里,把同州刺史杨汝士改为驾部郎中,随即诏白居易为同州刺史①,想利用杨、白的关系,使白居易先离开洛阳。但是白居易是决不愿意在这个时候西上的,所以他在《诏授同州刺史,病不赴任,因咏所怀》的诗中既说是"行藏决不疑",又说"徒烦人劝谏"。白居易当时似乎除了做分司官以外,决不再做进一步的打算了。由于白居易坚决不赴任,到十月,只好以汝州刺史刘禹锡为同州刺史②,白居易改授太子少傅分司东都。白居易有一首《诏下》,是咏时事的:

> 昨日诏下去罪人,今日诏下得贤臣。
> 进退者谁非我事,世间宠辱常纷纷。
> 我心与世两相忘,时事虽闻如不闻。
> 但喜今年饱饭吃,洛阳禾稼如秋云。
> 更倾一樽歌一曲,不独忘世兼忘身。

白居易知道,"吾道本迂拙,世途多险艰",那个混乱的时代,个人是没有办法扭转的。

虽然如此,长安的政局还在继续酝酿大变。二李朋党被驱逐了以后,李训又开始削减宦官势力。西川监军杨承和、淮南监军韦元

---

① 白居易除同州刺史,《旧唐书·文宗本纪》作太和九年(835)九月辛亥,陈直斋谱同。但《旧唐书·白居易传》却说是开成元年(836),汪立名谱同本传。这一年的差别,关系颇大。因太和九年(835)九月是在甘露之变以前,开成元年就在事变以后了。从白诗中研究,应以太和九年(835)九月为是。故从《旧唐书·文宗本纪》。
② 刘禹锡太和八年(834)由苏州刺史改任汝州刺史。

素、河东监军王践言，都因联结二李，岭南安置，随后文宗派人赐死。杀害宪宗的陈弘志当时正做山南东道监军，文宗也用李训谋，召还到青泥驿，封仗责杀。崔潭峻已死，也被剖棺鞭尸。李训、郑注又和文宗密谋，鸩杀了王守澄。

更大的计划，是想在安葬王守澄的时候，使郑注自凤翔引兵护葬，李训便奏请使宦官自中尉以下都到浐水送葬，届时便关上城门，把宦官全数诛杀。

这个计划本来可以实施。不过李训以为那样一来，功劳好像全是郑注的，心里不服气，于是便和舒元舆等另定秘计。先捏造说左金吾卫仗院石榴树上夜来有甘露，然后使文宗叫左右中尉仇士良、鱼志弘等去验看，打算在仇士良等到金吾厅验看的时候，便把宦官一网打尽。结果消息泄露，仇士良夺门而逃，宦官反而劫夺了唐文宗，李训等完全失败。

仇士良令神策副将等各率兵乱杀，又派兵在京城大搜，于是长安大乱，坊市恶少年，乘机报仇，杀人剽掠，互相攻劫，以致尘埃蔽天。

十一月，李训、郑注、舒元舆、贾𫗧、王涯、王璠等全被宦官杀害。因此，宦官就更嚣张了。天下事皆决于北司，宰相但行文书而已。白居易有《咏史》一首，注云："九年十一月作。"

秦磨利刀斩李斯，齐烧沸鼎烹郦其。
可怜黄绮入商洛，闲卧白云歌紫芝。
彼为菹醢机上尽，此为鸾凰天外飞。

> 去者逍遥来者死，乃知祸福非天为。

又有一首《九年十一月二十一日感事而作》：

> 祸福茫茫不可期，大都早退似先知。
> 当君白首同归日，是我青山独往时。
> 顾索素琴应不暇，忆牵黄犬定难追。
> 麒麟作脯龙为醢，何似泥中曳尾龟？

白居易深幸自己没有被卷进这个政变的大漩涡里，在这年的严冬，自己安然闲居，"重裘暖帽宽毡履，小阁低窗深地炉"[1]，想睡到什么时候就睡到什么时候，长安的朝臣，却在宦官的威焰下人人自危，两相对照起来，不禁要问"西京朝士得知无"[2]了。

---

[1] 《即事重题》。
[2] 同上。

历史的温度

甘露之变

唐文宗即位后,对宦官的专权非常不满。太和九年(835),唐文宗不甘为宦官所控制,和李训、郑注策划诛除宦官集团,以夺回皇帝的权力。

十一月二十一日,左金吾卫大将军韩约奏称左金吾卫伏院石榴树上夜降甘露,诱骗仇士良等大宦官前往观看,准备在那里一举消灭他们。不料被仇士良发现,双方发生了激烈的战斗,结果李训、王涯、贾悚、舒元舆、王璠、郭行余、罗立言、李孝本、韩约等朝廷重要官员被宦官杀死,其家人也受到牵连。这次事变中,受株连被杀的有一千多人。史称"甘露之变"。

甘露之变后,宦官一直牢牢地掌握着军政大权,君主的废立、生杀也掌握在宦官手中。

十二 满头霜雪半身风

- 整理文集
- 自称"瘦仙"
- 诗酒琴歌

六十五岁,白居易开始重新整理自己的作品,题名叫作《白氏文集》,这是白居易一生的心血。白居易年岁大了,也越发瘦了,自称"瘦仙",生活里除了诗癖、酒兴以外,便是援琴、听歌。

开成元年（836），白居易六十五岁。这时他的女儿阿罗已经出嫁，女婿是谈宏暮。同时，白行简的儿子龟郎也已经结婚了。《咏怀》一诗说："尚平婚嫁了无累，冯翊符章封却还。"自注说："时阿罗初嫁，及同州官吏放归。"阿罗出嫁，当在太和九年（835）。

这时东都留守裴度由于宦官专横，无心朝政，除集贤里第外，又在午桥庄新建了一座别墅，名叫绿野堂。这里有凉台暑馆，花木万株，成为夏日游宴的地方。四月，太子宾客分司李绅改任河南尹，另以江州刺史李珏为太子宾客分司。二李都是白居易的旧友，因此就多了一些游伴。不过李绅是忙人，不能尽情闲游，而且到七月里就又以河南尹改为宣武军节度使，离开洛阳到汴州去了。李珏是"才臣"[1]，继李绅为河南尹后，第二年就改为户部侍郎，第三年就和杨嗣复并为宰相。别人在洛阳总是来来去去的，谁能像白居易这样定居不动呢？所以白居易常常是孤独的，他在《老夫》中写道：

---

[1]《春来频与李二宾客郭外同游，因赠长句》："我为病叟诚宜退，君是才臣岂合闲。"

十三 满头霜雪半身风

> 七八年来游洛都，三分游伴二分无。
> 风前月下花园里，处处唯残个老夫。

闰五月，白居易把自己的作品又重新整理一下，集成七帙，共六十五卷，凡三千二百五十五首，题名叫作《白氏文集》，收藏在洛阳圣善寺钵塔院律疏库楼里。题记中说明，这部文集是"不出院门，不借官客，有好事者任就观之"的。这六十五卷文集，是白居易一生的心血，所以他是非常爱惜的。

太和九年（835）七月，杨虞卿因坐妖言事，自京兆尹贬授虔州司户，当年死在虔州，死后归葬洛阳。白居易有《哭师皋》一诗，诗中说："平生分义向人尽，今日哀冤唯我知。"开成元年（836），皇甫镛去世。皇甫镛，字和卿，宪宗朝宰相皇甫镈的弟弟，因为不满意皇甫镈的聚敛，求分司东都，和白居易一直是东朝分务的同官，白居易为他作了墓志铭。

十二月，以兵部侍郎杨汝士为检校礼部尚书，充剑南东川节度使，白居易有《杨六尚书新授东川节度使，代妻戏贺兄嫂二绝》。当时西川节度使是杨嗣复，所以白居易在《同梦得暮春寄贺东、西川二杨尚书》中说："两川风景同三月，千里江山属一家。"

此外使白居易最高兴的，是刘禹锡也由同州刺史改授太子宾客分司。从此刘、白二人便成为裴度席上的常客，二老相偕，有伴不孤了。

开成二年（837）三月三日，河南尹李珏邀集留守裴度、太子少傅白居易、太子宾客萧籍与李仍叔、刘禹锡等十五人修禊洛滨。

从斗亭,历魏堤,抵天津桥,"登临溯沿,自晨及暮。簪组交映,歌笑间发"①,这是白居易在洛阳参加的为数不多的盛会之一。

四月,张仲方卒于长安,时任秘书监。张仲方,字靖之,白居易在为张仲方写的墓志铭中说:"居易与公,少同官,老同游,结交慕德,久而弥笃。"从这段话可以看出他们之间的交谊。

五月,裴度由东都留守改为太原尹、北都留守、河东节度使。同时,以淮南节度使牛僧孺为检校司空东都留守,代裴度。白居易对裴度的离去感到不舍,牛僧孺到来之后,倒也让他有了些欢乐。

"且得身安泰,从他世险艰。但休争要路,不必入深山。"②白居易从五十八岁退居洛阳以来,长安城里不知发生了多少次政治上的变化,多少亲知故交,或死或贬。刘禹锡分司洛阳,想来也未尝不是受了白居易的影响。白居易还想说服牛僧孺,"改业为逋客,移家住醉乡"③,不过牛僧孺最终没有像刘禹锡那样及早抽身。

十二月,兴元节度使令狐楚逝世,白居易写道:"令狐相公与梦得交情素深,眷予分亦不浅。一闻薨逝,相顾泫然。旋有使来,得前月未殁之前数日书及诗寄赠,梦得哀吟悲叹,寄情于诗,诗成示予,感而继和。"从这段话中可以看出白居易和令狐楚的关系。

开成三年(838)正月,杨嗣复和李珏并为宰相,白居易有《梦得相过,援琴命酒,因弹秋思,偶咏所怀,兼寄继之(杨嗣复

---

① 《三月三日祓禊洛滨》。
② 《幽居早秋闲咏》。
③ 《分司洛中多暇,数与诸客宴游,醉后狂吟,偶成十韵,因招梦得宾客,兼呈思黯奇章公》。

字）待价（李珏字）二相府》。白居易晚年学会了弹琴，琴曲《秋思》，据说是蜀客姜发所授。

就在这一年，白居易的女儿阿罗生了一个女孩，取名"引珠"。白居易从此有一个外孙女了。

白居易本来很瘦，他说自己是"形容瘦薄诗情苦，岂是人间有相人"。现在年岁大了，白居易也越发瘦了，甚至是"较瘦鹤犹肥"，因此不是自称为"瘦仙"，就是自称为"贫闲老瘦人"。在洛阳的生活里，除了诗癖、酒兴以外，便是援琴、听歌。白居易的酒量，我在前面已经谈过，实在是一般，到老年就更不济了，只能在"陈郎中处为高户"。陈郎中是陈商，白居易说他是"酒户涓滴"的。虽然如此，如果只读白居易的诗，还以为他是一个酒量了不起的酒徒，而且他那《醉吟先生传》也是这一年写的。仔细研究，白居易不过是借酒自污而已。他在《酒功赞》中说："吾尝终日不食，终夜不寝。以思无益，不如且饮！"他在这里说出了真心话，所谓饮酒，只不过是为了麻痹个人的思想，消除对那个恶劣时代的愤激而已。

冬天，有一次沐浴以后，白居易觉得心恬形适，忽然想起"是月岁阴暮，惨冽天地愁"。在这样的季节，自己虽然心恬形适，可是那些征戍的士兵、羁旅的游子，以及"穷途绝粮客，寒狱无灯囚"①，究竟有多少人能够在这穷冬腊月，像自己一样的舒适呢？

"七十期渐近，万缘心已忘。不唯少欢乐，兼亦无悲伤。"这是

---

① 《新沐浴》。

他的《三年除夜》。在当时那样的环境中，欢乐当然不会多，可是由于经历的悲伤太多了，也就不再感到有什么悲伤了。这首小诗，真实反映出了白居易当时的心情。

开成四年（839）二月，白居易又把自己的文集整理了一遍，除了家藏一本外，还另外录有三本：一本已经放在洛阳圣善寺钵塔院，一本放在庐山东林寺经藏中，一本放在苏州南禅院千佛堂内。从《苏州南禅院白氏文集记》中我们可以知道，苏州本共文集七帙，合六十七卷，凡三千四百八十七首，较洛阳本多两卷，二百三十二首。据《东林寺白氏文集记》记载，庐山本却仅二千九百六十四首，共六十卷。可见各本内容，也不是完全一样的。

三月，裴度在长安逝世了。八月，牛僧孺改为襄州刺史、山南东道节度使。白居易在洛阳的生活就更寂寞了。

就在这年十月，白居易得了风痹。

白居易在《病中诗十五首》序中说：

开成己未岁，余蒲柳之年，六十有八。冬十月甲寅旦，始得风痹之疾，体瘝目眩，左足不支，盖老病相乘时而至耳。余早栖心释梵，浪迹老庄，因疾观身，果有所得。何则？外形骸而内忘忧恚，先禅观而后顺医治。旬月以还，厥疾少间，杜门高枕，澹然安闲。吟讽兴来，亦不能遏，因成十五首，题为病中诗，且贻所知，兼用自广。昔刘公干病漳浦，谢康乐卧临川，咸有篇章，抒咏其志。今引而序之者，虑不知我者，或加诮焉。

白居易到这个时候，不仅完全忘怀荣利，就是生命也准备随时放弃。唯一不能割舍的，就只有诗歌了，所以虽然生病，他却没有停止创作，反而是"病后多于未病时"①。

不但如此，白居易甚至认为不病反而多事，"假如强健亦何为"，所以目昏不妨安眠，脚软正好坐禅，头痛只管吟诗，齿折不碍笑谈。病严重时，就做好死去的心理准备；病好一些，也乐得暂时停留，可以说是"还似远行装束了，迟回且住亦何妨"②。

不料过了一个冬天，到第二年春天，白居易的病大有起色，虽然还不能行走，却也能够闲立试步了。这时他看见在苏州时制造的小舫，不禁有所感慨：

画梁朽折红窗破，独立池边尽日看。
守得苏州船舫烂，此身争合不衰残？

华亭鹤早死了，白莲花也枯了，舫兴渐阑，酒全生醭，心情失落，歌筵委尘。"柘枝紫袖教丸药，羯鼓苍头遣种蔬"③，心爱的骆马也卖掉了，追随多年的樊蛮也遣放了。不过，白居易还不相信自己就此会死，所以在《病入新正》一诗的结尾说："便休心未伏，更试一春看。"

---

① 《病中诗十五首·自解》。
② 《老病相仍以诗自解》。
③ 《改业》。

> 历史的温度

刘禹锡

刘禹锡（772—842），唐代文学家，字梦得，洛阳（今属河南）人，有"诗豪"之称。

贞元九年（793），刘禹锡进士及第，登博学宏词科。授监察御史，参加永贞革新，反对宦官跋扈和藩镇割据。失败后，贬朗州司马，迁连州刺史。后任太子宾客，加检校礼部尚书。世称"刘宾客"。

刘禹锡诗文俱佳，涉猎题材广泛。他和柳宗元交谊深厚，人称"刘柳"；晚年和白居易唱和甚多，并称"刘白"。其代表作有《陋室铭》《竹枝词》《杨柳枝词》《乌衣巷》等。

十四 寂寞的晚年

凿通水路
寓言小诗
溘然长逝

晚年，白居易为老百姓做了一件好事，那便是凿通了八节滩的水路。他还以禽、虫、鱼、鸟为题材，写了一些精彩的寓言小诗。846年，白居易去世，葬于洛阳，终年七十五岁。

开成五年（840）正月，唐文宗暴卒。唐文宗在甘露之变中诛宦官不成，反被宦官劫持，他本人也认为自己受制于家奴，情况还不如周赧王、汉献帝。[①]唐文宗死后，中尉仇士良、鱼志弘等便废太子，矫诏立李瀍为皇帝，这就是唐武宗。

武宗即位后，杨嗣复、李珏相继罢相，召淮南节度使李德裕入朝为门下侍郎同平章事，另以宣武节度使李绅代李德裕镇淮南。不久，杨嗣复被贬为潮州司马，李珏被贬为端州司马。政治上又开始了一次新的变化。

白居易的病，"绵春历夏复经秋"[②]，到秋天已经能够行动了，便独自到香山寺一游，写了三首绝句，其中之一道：

[①]《资治通鉴》卷二百四十六："乙亥，上疾少间，坐思政殿，召当直学士周墀，赐之酒，因问曰：'朕可方前代何主？'对曰：'陛下尧、舜之主也。'上曰：'朕岂敢比尧、舜！所以问卿者，何如周赧、汉献耳？'墀惊曰：'彼亡国之主，岂可比圣德！'上曰：'赧、献受制于强诸侯，今朕受制于家奴，以此言之，朕殆不如！'因泣下沾襟，墀伏地流涕，自是不复视朝。"
[②]《足疾》。

十四 寂寞的晚年

> 饮徒歌伴今何在，雨散云飞尽不回。
> 从此香山风月夜，只应长是一身来。

这诗里有着很浓厚的感伤意味，过去的游伴，像张仲方、舒元舆等，现在都已逝世，自己病后重来，人事朝政，都已经完全改变了面貌，真是所谓"雨散云飞"了。

这一年，阿罗又生了一个男孩，小名阁童，白居易有《谈氏外孙生三日喜是男偶吟成篇兼戏呈梦得》一诗。

会昌元年（841）春，白居易又能访友饮酒了，有《病后喜过刘家》一诗：

> 忽忆前年初病后，此生甘分不衔杯。
> 谁能料得今春事，又向刘家饮酒来。

不过，"每到集贤坊地过"，就"不曾一度不低眉"①，裴度的逝世，使白居易的晚年生活少了欢情。

这年夏天早热，"岸帻头仍痛，褰裳汗亦流"，此时杨嗣复、李珏二相被贬到潮州和端州，白居易不禁叫出"若为当此日，迁客向炎州"。②

这时，白居易的从父弟白敏中由殿中侍御史分司除户部员外郎去长安，白居易有《送敏中新授户部员外郎西归》一诗。

---

① 《过裴令公宅二绝句》。
② 《早热》。

会昌二年（842），白居易七十一岁，罢太子少傅分司，改以刑部尚书致仕。

这时朝中四个宰相是李德裕、陈夷行、崔珙、李绅，其中李德裕最得武宗信任。白居易致仕后，朝中似乎仍有人关心他，所以白居易在《题新涧亭，兼酬寄朝中亲故见赠》一诗中说："自得所宜还独乐，各行其志莫相咍。禽鱼出得池笼后，纵有人呼可更回。"

同时唐武宗也素闻白居易的名气，很想用为宰相。李德裕却认为白居易衰病不任事，改荐白敏中，所以在九月间白敏中便以左司员外郎充翰林学士。

在这年七月里，刘禹锡逝世，这使白居易非常痛心，"不知箭折弓何用，兼恐唇亡齿亦枯"[1]。白居易曾说"平生定交取人窄，屈指相知唯五人"[2]，可是这五人中，长庆元年（821）李建（杓直）死，太和五年（831）元稹（微之）死，太和七年（833）崔玄亮（晦叔）死，会昌二年（842）刘禹锡（梦得）死，于是便只剩下白居易自己一人了。"四人先去我在后"，反而觉得"命长感旧多悲辛"[3]了。

更不幸的是女婿谈宏謩也在这年去世了，女儿阿罗因为寡居，就又回到了她父亲家，"何烦更请僧为侣，月上新归伴病翁"[4]。白居易说："时适谈氏女子自太原初归，维摩诘有女名月上也。"父女相

---

[1] 《哭刘尚书梦得二首》。
[2] 《感旧》。
[3] 同上。
[4] 《病中看经，赠诸道侣》。

依，情景凄凉。

会昌四年（844）春，白居易到东郊赵村看杏花。赵村当时有杏树一千多株，白居易每年春天常常到这里郊游，曾在赠刘禹锡的诗中写道："明日期何处，杏花游赵村。"这次却感慨地说："七十三人难再到，今春来是别花来。"[①]白居易感到留给自己的时间到底是逐日减少了。

但是白居易还想多少再为人民做一些事情。在龙门潭的南边，有一段水路，叫作八节滩，每次船筏经过这里，总会遭受一些损伤。所以船夫们每逢到这里，照例要跳下水去推挽，避免损失，"大寒之月，裸跣水中，饥冻有声，闻于终夜"。白居易每逢到龙门，听到这种声音，总要难过的，因此发愿要凿通这段水路。这一年，这个愿望终于实现了，于是"从古有碍之险，未来无穷之苦，忽乎一旦尽除去之"，白居易心里的愉快是可想而知的。有《开龙门八节石滩诗二首》，其中一首道：

> 七十三翁旦暮身，誓开险路作通津。
> 夜舟过此无倾覆，朝胫从今免苦辛。
> 十里叱滩变河汉，八寒阴狱化阳春。
> 我身虽殁心长在，暗施慈悲与后人。

这是白居易在逝世以前做的一件比较痛快的事情。虽然只不过

[①] 《游赵村杏花》。

是一段小小的水路,但是总多少在临终之前把自己"兼济"的心意体现出来。所以他在七十四岁时写的《欢喜二偈》中说:"心中别有欢喜事,开得龙门八节滩。"

白居易晚年曾经用禽、虫、鱼、鸟做题材,写了一些非常精彩的寓言小诗。比如《问鹤》《代鹤答》《山中五绝句》《池上寓兴二绝》《池鹤八绝句》和《禽虫十二章》等。《禽虫十二章》有一篇小序:

> 庄列寓言、风骚比兴,多假虫鸟以为笙蹄。故《诗》义始于《关雎》《鹊巢》,道说先乎鲲鹏、蜩鹩之类是也。予闲居乘兴,偶作一十二章,颇类志怪放言,每章可致一哂,一哂之外,亦有以自警其衰耄封执之惑焉。顷如此作,多与故人微之、梦得共之。微之、梦得尝云:此乃九奏中新声,八珍中异味也。有旨哉,有旨哉!今则独吟,想二君在目,能无恨乎!

从这篇序来看,白居易这类诗似乎还有一些,但是没有保存下来。这些诗中,有些是很好的,譬如《山中五绝句·洞中蝙蝠》:

> 千年鼠化白蝙蝠,黑洞深藏避网罗。
> 远害全身诚得计,一生幽暗又如何。

又如《池上寓兴二绝》:

濠梁庄惠谩相争，未必人情知物情。
獭捕鱼来鱼跃出，此非鱼乐是鱼惊。

水浅鱼稀白鹭饥，劳心瞪目待鱼时。
外容闲暇中心苦，似是而非谁得知？

《池鹤八绝句》构思更好，假设做鸡、乌、鸢、鹅和鹤的问答。鸡、乌、鸢、鹅各自都认为自己有些地方像鹤，但是鹤却一一加以反驳，指出它们之间是有本质的不同的。下面引乌、鹤和鹅、鹤之间的问答：

乌赠鹤

与君白黑太分明，纵不相亲莫见轻。
我每夜啼君怨别，玉徽琴里忝同声。

鹤答乌

吾爱栖云上华表，汝多攫肉下田中。
吾音中羽汝声角，琴曲虽同调不同。

鹅赠鹤

君因风送入青云，我被人驱向鸭群。
雪颈霜毛红网掌，请看何处不如君？

鹤答鹅

右军殁后欲何依，只合随鸡逐鸭飞。

未必牺牲及吾辈，大都我瘦胜君肥。

《禽虫十二章》中，也有一些好的作品，譬如第六首和第十一首：

兽中刀枪多怒吼，鸟遭罗弋尽哀鸣。

羔羊口在缘何事，暗死屠门无一声。

一鼠得仙生羽翼，众鼠相看有美色。

岂知飞上未半空，已作乌鸢口中食。

这些诗大抵都是白居易在静观万物中，不禁有所感触，随笔写出的，却意象无穷。可惜这些作品没有全部保留下来，我们今天只觉得太少。

白居易在会昌五年（845）已经说出"风光抛得也，七十四年春"①，可是到会昌六年（846）春，依然健在。"乡园节岁应堪重，亲故欢游莫厌频。试作循潮封眼想，何由得见洛阳春？"②在这段时期内，牛僧孺被贬循州，李宗闵被贬封州，杨嗣复被贬潮州，李珏被贬端州，和他们比较起来，自己虽然年迈家贫，却未尝不

---

① 《斋居春久，感事遣怀》。
② 《六年立春日人日作》。

是一种幸福。

这时海内与白居易年辈相当的人，除了被贬谪的一些人以外，就只有李绅和王起了。李绅已于会昌四年（844）以同平章事充淮南节度使，王起也在那年出为山南东道节度使。白居易有诗赠给他们，题目是《予与山南王仆射起、淮南李仆射绅，事历五朝逾三纪，海内年辈，今唯三人，荣路虽殊，交情不替，聊题长句，寄举之、公垂二相公》。

会昌六年（846）三月，唐武宗逝世，宦官们立李怡为皇帝，是为唐宣宗。宣宗即位后，政治上又起变化。四月李德裕罢相，李党纷纷贬斥。五月以翰林学士、兵部侍郎白敏中为相，七月李绅死，八月牛僧孺、李宗闵、杨嗣复、李珏等同时北迁。

"蟭螟杀敌蚊巢上，蛮触交争蜗角中"，在这纷扰的变化中，"远行装束了"的白居易就在这年八月里悄然长逝了。遗命不归下邽，就葬在洛阳龙门山如满和尚塔的旁边。

有这样的传说：白居易死后，凡是来往洛阳经过龙门的人，都要在他的墓前洒酒祭奠。因此，白居易墓前的泥土永远是不干的。①

---

① 陈振孙《白文公年谱》引用《贾氏谈录》："四方过者，必奠卮酒，冢前方丈，常成泥泞。"又见钱易《南部新书》。

历史的温度

长安城的布局

　　隋、唐都城长安是经过隋代建筑家宇文恺、高龙义和唐代建筑家阎立德等设计建筑的。长安城建制严密，规模宏伟。根据考古勘测结果，城东西长九千五百五十米，南北八千四百七十米，周围约七十里。在分区、坊市、街道、绿化和水道等方面都有完整的规划。东西对称的布局，棋盘式的街道，宫殿、衙署与坊市的分置，封闭式的里坊和集中的市场，构成了长安和这一时期重要城市布局的特色。

——节选自翦伯赞《中国史纲要》

白居易年谱

772年（大历七年）

白居易生，一岁。父白季庚年四十四岁。母陈氏年十八岁。长兄幼文年约二十岁。

773年（大历八年）

白居易二岁。五月三日，祖父巩县令白锽卒于长安，年六十八岁，葬在华州下邽县。

776年（大历十一年）

白居易五岁。弟白行简生。

777年（大历十二年）

白居易六岁。六月十九日，祖母薛氏卒，年七十岁，葬于新郑县临洧里。（《故巩县令白府君事状》）

782年（建中三年）

白居易十一岁。约于此年从父任移居徐州符离。

784年（兴元元年）

白居易十三岁。弟白幼美（金刚奴）生。（《唐太原白氏之殇墓志铭》）

787年（贞元三年）

白居易十六岁。白居易自述："十五六始知有进士，苦节读书。"（《与元九书》）

788年（贞元四年）

白居易十七岁。从父任往衢州，途经苏、杭二郡。

791年（贞元七年）

白居易二十岁。白家约于此年返符离。

792年（贞元八年）

白居易二十一岁。居符离。弟幼美夭，权窆于符离县南原。（《唐太原白氏之殇墓志铭》）

794年（贞元十年）

白居易二十三岁。五月二十八日，父季庚卒于襄州任上，年六十六岁，权窆于襄阳县东津乡南原。（《襄州别驾府君事状》）

795年（贞元十一年）

白居易二十四岁。守丧于符离。

798年（贞元十四年）

白居易二十七岁。是年夏，白家搬至洛阳。时长兄白幼文任饶州浮梁主簿。

799年（贞元十五年）

白居易二十八岁。春，奉长兄命返洛阳，"分微禄以归养"（《伤远行赋》)。秋返宣州,应乡试于宣州。为宣歙观察使崔衍所贡,往长安应进士试。

800年(贞元十六年)

白居易二十九岁。正月,在长安。二月十四日,中书侍郎高郢主试下进士共十七人,白居易以第四名及第。及第后归觐。四月,外祖母陈白氏疾殁于徐州丰县官舍。九月,白居易至徐州。十一月,权窆外祖母于符离县之南偏。(《唐故坊州鄜城县尉陈府君夫人白氏墓志铭》)

801年(贞元十七年)

白居易三十岁。春,在符离。七月,在宣州。秋,归洛阳。有《祭符离六兄文》《祭乌江十五兄文》。

802年(贞元十八年)

白居易三十一岁。在长安。冬,于吏部侍郎郑珣瑜主试下,试书判拔萃科,至来年春及第。

803年(贞元十九年)

白居易三十二岁。春,与元稹、崔玄亮等六人同登书判拔萃科。授秘书省校书郎。赁得长安常乐里故关相国(关播)私第东亭居住。秋冬之际,在许昌。

805年(贞元二十一年)

白居易三十四岁。在长安,为校书郎。寓居永崇里华阳观,与元稹一起积极准备应制举。

806年(元和元年)

白居易三十五岁。在长安。罢校书郎。与元稹寓居华阳观,撰

《策林》七十五篇。四月，应才识兼茂明于体用科，以对策语直，入第四等。同月二十八日，授盩厔尉。七月，权摄昭应事。冬，与友人同游仙游寺，作《长恨歌》。

807 年（元和二年）

白居易三十六岁。秋，自盩厔尉调京兆府进士考官。试毕，帖集贤院校理。十一月四日，从集贤院召赴银台候进旨，五日召入翰林，奉试制诏五首，六日授翰林学士。

808 年（元和三年）

白居易三十七岁。在长安，居新昌里。四月二十八日，迁左拾遗。是年，与杨虞卿从父妹杨氏结婚。

809 年（元和四年）

白居易三十八岁。在长安。女儿金銮子生。

810 年（元和五年）

白居易三十九岁。在长安。五月五日，改官京兆府户曹参军，仍充翰林学士。

811 年（元和六年）

白居易四十岁。在长安。母陈氏卒于长安宣平里第，年五十七岁。丁忧，退居下邽。十月，迁葬祖锽、祖母薛氏、父季庚于下邽。是年，女儿金銮子夭。

813 年（元和八年）

白居易四十二岁。夏，服除。仍居下邽。迁葬外祖母陈夫人、季弟幼美于下邽义津原。行简子龟儿生。

814 年（元和九年）

白居易四十三岁。仍居下邽。春，病眼。八月，游蓝田县悟真寺，有《游悟真寺（一百三十韵）》。冬召授太子左赞善大夫入朝。

815 年（元和十年）

白居易四十四岁。在长安，居昭国里。六月，首上疏请捕刺杀武元衡之贼。宰相以东宫官先台谏言事恶之，忌之者复诬言白居易母看花坠井死，而作赏花及新井诗，有伤名教。八月，乃奏贬白居易为江州刺史。王涯复论不当治理州郡，改授江州司马。初出蓝田，到襄阳，乘舟经鄂州，十月到江州。十二月，自编诗集十五卷。有《与元九书》。

816 年（元和十一年）

白居易四十五岁。在江州司马任。二月，游庐山。是年，女儿阿罗生。

817 年（元和十二年）

白居易四十六岁。在江州司马任。庐山草堂成。闰五月，长兄幼文卒。

818 年（元和十三年）

白居易四十七岁。在江州司马任。春，弟行简自梓州至。十二月二十日，迁忠州刺史。

819 年（元和十四年）

白居易四十八岁。春，自江州启程赴忠州。弟行简随行。时元稹离通州赴虢州长史任，三月十一日夜相遇，停舟夷陵，三宿而别。二十八日抵忠州。

820年（元和十五年）

白居易四十九岁。夏，自忠州召还。经三峡，由商山路返长安。十二月二十八日，白居易由司门员外郎改授主客郎中、知制诰。

821年（长庆元年）

白居易五十岁。在长安。春，购新昌里宅。夏，加朝散大夫，始服绯，又转上柱国。七月，奉命宣谕魏博节度使田布，布赠绢五百匹，不受。十月十九日，转中书舍人。十一月二十八日，充制策考官。

822年（长庆二年）

白居易五十一岁。在长安。正月，上疏论河北用兵事，皆不听。七月，自中书舍人除杭州刺史。十月一日，至杭州，有《杭州刺史谢上表》。

824年（长庆四年）

白居易五十三岁。在杭州刺史任。在西湖修筑长堤，即"白堤"，以便蓄水灌田；疏通城中六井，以供饮用。有《钱塘湖石记》。五月，除太子左庶子分司东都。月末离杭，经汴河路，秋至洛阳。买洛阳履道里杨凭故宅居之。冬，《白氏长庆集》五十卷编成，凡两千一百九十一首，元稹为序。

825年（宝历元年）

白居易五十四岁。三月四日，除苏州刺史。二十九日，发东都。过汴州，渡淮水，五月五日，至苏州。

826年（宝历二年）

白居易五十五岁。在苏州刺史任。春，卧病在床。九月初，假满，免郡事。十月初，发苏州。与任满返京的刘禹锡相遇于扬州，同游。是年冬，弟行简卒。

827 年（大和元年）

白居易五十六岁。春，返洛阳。三月二十九日，征为秘书监，赐金紫。复居长安新昌里第。岁暮，奉使洛阳。

828 年（大和二年）

白居易五十七岁。正月，由秘书监改授刑部侍郎。十二月，乞百日病假。继五十卷集后，续编《后集》五卷成。又编与元稹唱和集《因继集》二卷成。

829 年（大和三年）

白居易五十八岁。三月末假满，罢刑部侍郎，以太子宾客分司东都。四月，返洛阳，居履道里第。冬，生子阿崔。

830 年（大和四年）

白居易五十九岁。在洛阳，闭门索居。冬，病眼。十二月二十八日，除河南尹。

831 年（大和五年）

白居易六十岁。在河南尹任。子阿崔夭。

七月二十二日，元稹卒于武昌任所，年五十三岁。十月，刘禹锡除苏州刺史，过洛阳，留十五日，与白居易酬唱宴游甚欢。

832 年（大和六年）

白居易六十一岁。在洛阳。为河南尹。七月，为元稹作墓志铭，以其家所馈六七十万钱悉布施修龙门香山寺，有《修香山寺记》。编《刘白唱和集》三卷成。

833 年（大和七年）

白居易六十二岁。在河南尹任。二月，以病乞假。四月二十五日，以头风病免河南尹，再授太子宾客分司东都。

834 年（大和八年）

白居易六十三岁。三月，裴度为东都留守兼侍中至洛阳，居易频与往还。七月，编集在洛所作诗，有《序洛诗》。

835 年（大和九年）

白居易六十四岁。春，自洛阳西游，至下邽渭村小住，约三月末返洛阳。九月，授同州刺史，辞疾不就。十月，改授太子少傅分司东都，进封冯翊县开国侯。是年，女儿阿罗嫁谈宏暮。编六十卷《白氏文集》成，送庐山东林寺收藏。

836 年（开成元年）

白居易六十五岁。在洛阳。春初，游少室山。闰五月，编六十五卷《白氏文集》，藏在洛阳圣善寺钵塔院律疏库楼里。

837 年（开成二年）

白居易六十六岁。在洛阳。三月三日，河南尹李钰邀集白居易、裴度、刘禹锡等修禊于洛滨。

838 年（开成三年）

白居易六十七岁。女儿阿罗生了一个女孩，为其取名"引珠"。

839 年（开成四年）

白居易六十八岁。二月，编六十七卷《白氏文集》成，藏于苏州南禅院千佛堂内。十月，患风瘴。

840 年（开成五年）

白居易六十九岁。女儿阿罗生了一个男孩，小名阁童。有《谈氏外孙生三日喜是男偶吟成篇兼戏呈梦得》一诗。冬，以疾请百日长假。

841 年（会昌元年）

白居易七十岁。春，百日长假满，停少傅官。

842 年（会昌二年）

白居易七十一岁。罢太子少傅分司，改以刑部尚书致仕。

844 年（会昌四年）

白居易七十三岁。施家财，开龙门八节石滩，"暗施慈悲与后人"（《开龙门八节石滩诗二首》）。

845 年（会昌五年）

白居易七十四岁。五月，编七十五卷《白氏文集》成。

846 年（会昌六年）

白居易七十五岁。八月，卒于洛阳履道里第。赠尚书右仆射。遗命不归下邽，葬洛阳龙门山如满和尚塔侧。

旧唐书·白居易传（节选）

白居易，字乐天，太原人。……居易幼聪慧绝人，襟怀宏放。年十五六时，袖①文一编，投著作郎吴人顾况。况能文，而性浮薄，后进文章无可意者。览居易文，不觉迎门礼遇，曰："吾谓斯文遂绝，复得吾子矣。"……

居易文辞富艳，尤精于诗笔。自雠校②至结绶畿甸③，所著歌诗数十百篇，皆意存讽赋，箴④时之病，补政之缺。而士君子多⑤之，而往往流闻禁中⑥。章武皇帝纳谏思理，渴闻谠⑦言，二年十一月，召入翰林为学士。三年五月，拜⑧左拾遗。居易自以逢好文之主，非次拔擢⑨，欲以生平所贮，仰酬恩造。……

唯谏承璀事切⑩，上颇不悦，谓李绛曰："白居易小子，是朕拔擢致名位，而无礼于朕，朕实难奈⑪。"绛对曰："居易所以不避死亡之诛，事无巨细必言者，盖酬陛下特力拔擢耳，非轻言也。陛下欲开谏诤之路，不宜阻居易言。"上曰："卿言是也。"由是多见听纳。……

十年七月，盗杀宰相武元衡，居易首上疏论其冤，急请捕贼以雪国耻。宰相以宫官非谏职，不当先谏官言事。会有素恶居易者，掎摭[12]居易，言浮华无行，其母因看花堕井而死，而居易作《赏花》及《新井》诗，甚伤名教，不宜置彼周行[13]。执政方[14]恶其言事，奏贬为江表刺史。诏出，中书舍人王涯上疏论之，言居易所犯状迹，不宜治郡，追诏授江州司马。

居易儒学之外，尤通释典，常以忘怀处顺为事，都不以迁谪[15]介意。……

居易初对策高第，擢入翰林，蒙英主特达顾遇，颇欲奋厉效报，苟致身于讦谟之地[16]，则兼济生灵。蓄意未果，望风[17]为当路者所挤，流徙江湖。四五年间，几沦蛮瘴。自是宦情衰落，无意于出处[18]，唯以逍遥自得，吟咏情性为事。太和已[19]后，李宗闵、李德裕朋党事起，是非排陷，朝升暮黜，天子亦无如之何。杨颖士、杨虞卿与宗闵善，居易妻，颖士从父妹也。居易愈不自安，惧以党人见斥，乃求致身散[20]地，冀于远害。凡所居官，未尝终秩[21]，率以病免，固求分务[22]，识[23]者多之。……

太和末，李训构祸[24]，衣冠涂地，士林伤感，居易愈无宦情。开成元年，除[25]同州刺史，辞疾不拜。寻[26]授太子少傅，进封[27]冯翊县开国侯。四年冬，得风病，伏枕者累月，乃放诸妓女樊、蛮等，仍自为墓志，病中吟咏不辍。……

会昌中，请罢太子少傅，以刑部尚书致仕[28]。与香山僧如满结香火社，每肩舆[29]往来，白衣鸠杖，自称"香山居士"。大中元年卒，时年七十六，赠尚书右仆射。有文集七十五卷，《经史事类》三十卷，并行于世。

注释

① 袖：把东西藏在袖子里。

② 雠（chóu）校：校书郎。

③ 畿（jī）甸：京都。

④ 箴（zhēn）：规劝，告诫。

⑤ 多：推重，赞美。

⑥ 禁中：宫中。

⑦ 谠（dǎng）：正直。

⑧ 拜：旧时用一定的礼节授予官职。

⑨ 非次拔擢（zhuó）：破格提拔。

⑩ 切：严厉。

⑪ 奈：通"耐"。禁得起，受得住。

⑫ 掎摭（jǐ zhí）：指摘。

⑬ 周行：指仕宦的行列、官位。

⑭ 方：正。

⑮ 迁谪（zhé）：官吏因罪降职于远地、他乡。

⑯ 訏谟（xū mó）之地：这里指身居要职。

⑰ 望风：平白无故。

⑱ 出处：出任和隐退。

⑲ 已：通"以"。

⑳ 散：闲散。

㉑ 终秩：官吏任期届满。

㉒ 分务：分司官。

㉓ 识：有见识。

㉔ 构祸：遭遇灾祸。

㉕ 除：拜官授职。

㉖ 寻：旋即，不久。

㉗ 进封：进授官职，加封名号。

㉘ 致仕：辞官。

㉙ 肩舆：乘坐轿子。

新唐书·白居易传(节选)

白居易,字乐天,其先盖太原人。……居易敏晤绝人,工①文章。未冠②,谒③顾况。况,吴人,恃才少所推可,见其文,自失曰:"吾谓斯文遂绝,今复得子矣!"贞元中,擢进士、拔萃④皆中,补校书郎。元和元年,对制策乙等,调盩厔尉,为集贤校理,月中,召入翰林为学士。迁左拾遗。……

后对殿中,论执强鲠⑤,帝未谕⑥,辄⑦进曰:"陛下误矣。"帝变色,罢,谓李绛曰:"是子我自拔擢,乃敢尔,我叵⑧堪此,必斥之!"绛曰:"陛下启言者路,故群臣敢论得失。若黜之,是箝⑨其口,使自为谋,非所以发扬盛德也。"帝悟,待之如初。岁满当迁,帝以资浅,且家素贫,听⑩自择官。居易请如姜公辅以学士兼京兆户曹参军,以便养⑪,诏可。明年,以母丧解,还,拜左赞善大夫。

是时,盗杀武元衡,京都震扰。居易首上疏,请亟⑫捕贼,刷朝廷耻,以必得为期。宰相嫌其出位⑬,不悦。俄有言:"居易母堕井死,而居易赋《新井篇》,言浮华,无实行,不可用。"出为州刺史。中书舍人王涯上言不宜治郡，追贬江州司马。既失志，能顺适所遇，托浮屠⑭生死说，若忘形骸者。……

天子荒纵，宰相才下，赏罚失所宜，坐视贼，无能为。居易虽进忠，不见听，乃丐⑮外迁。为杭州刺史，始筑堤捍钱塘湖，钟⑯泄其水，溉田千顷；复浚⑰李泌六井，民赖其汲。久之，以太子左庶子分司东都。复拜苏州刺史，病免。

文宗立，以秘书监召，迁刑部侍郎，封晋阳县男。太和初，二李党事兴，险利乘之，更相夺移，进退毁誉，若旦暮然。杨虞卿与居易姻家，而善李宗闵，居易恶缘⑱党人斥，乃移病⑲还东都。除太子宾客分司。逾年，即拜河南尹，复以宾客分司。开成初，起为同州刺史，不拜，改太子少傅，进冯翊县侯。会昌初，以刑部尚书致仕。六年，卒，年七十五，赠尚书右仆射，宣宗以诗吊之。遗命薄葬，毋请谥⑳。

注释

① 工：擅长，善于。

② 冠：古时男子二十岁时举行加冠礼，结发戴冠，标志成年。

③ 谒（yè）：拜见，进见。

④ 拔萃：唐制，选人期未满，以试判授官，称"拔萃"。

⑤ 鲠（gěng）：耿直。

⑥ 谕：皇帝的诏令。

⑦ 辄（zhé）：马上，立即。

⑧ 叵（pǒ）：不可，不能。

⑨ 箝（qián）：夹住。

⑩ 听：任凭。

⑪ 养：指供养家人。

⑫ 亟（jí）：急迫，急切。

⑬ 出位：官员超越职分行事。

⑭ 浮屠：佛陀。

⑮ 丐：乞求，请求。

⑯ 钟：汇聚。

⑰ 浚（jùn）：疏通。

⑱ 缘：因为，由于。

⑲ 移病：旧时官员上书称病辞职。

⑳ 谥（shì）：封建时代在人死后按其生前事迹评定褒贬而给予的称号。

白居易诗选

自河南经乱,关内阻饥,兄弟离散,各在一处。因望月有感,聊书所怀,寄上浮梁大兄、於潜七兄、乌江十五兄,兼示符离及下邽弟妹

时难年荒世业空,弟兄羁旅各西东。
田园寥落干戈后,骨肉流离道路中。
吊影分为千里雁,辞根散作九秋蓬。
共看明月应垂泪,一夜乡心五处同。

邯郸冬至夜思家

邯郸驿里逢冬至,抱膝灯前影伴身。
想得家中夜深坐,还应说著远行人。

长恨歌

汉皇重色思倾国,御宇多年求不得。
杨家有女初长成,养在深闺人未识。
天生丽质难自弃,一朝选在君王侧。
回眸一笑百媚生,六宫粉黛无颜色。
春寒赐浴华清池,温泉水滑洗凝脂。

侍儿扶起娇无力，始是新承恩泽时。
云鬓花颜金步摇，芙蓉帐暖度春宵。
春宵苦短日高起，从此君王不早朝。
承欢侍宴无闲暇，春从春游夜专夜。
后宫佳丽三千人，三千宠爱在一身。
金屋妆成娇侍夜，玉楼宴罢醉和春。
姊妹弟兄皆列土，可怜光彩生门户。
遂令天下父母心，不重生男重生女。
骊宫高处入青云，仙乐风飘处处闻。
缓歌慢舞凝丝竹，尽日君王看不足。
渔阳鼙鼓动地来，惊破霓裳羽衣曲。
九重城阙烟尘生，千乘万骑西南行。
翠华摇摇行复止，西出都门百余里。
六军不发无奈何，宛转蛾眉马前死。
花钿委地无人收，翠翘金雀玉搔头。
君王掩面救不得，回看血泪相和流。
黄埃散漫风萧索，云栈萦纡登剑阁。
峨嵋山下少人行，旌旗无光日色薄。
蜀江水碧蜀山青，圣主朝朝暮暮情。
行宫见月伤心色，夜雨闻铃肠断声。
天旋日转回龙驭，到此踌躇不能去。
马嵬坡下泥土中，不见玉颜空死处。
君臣相顾尽沾衣，东望都门信马归。

归来池苑皆依旧，太液芙蓉未央柳。
芙蓉如面柳如眉，对此如何不泪垂？
春风桃李花开夜，秋雨梧桐叶落时。
西宫南苑多秋草，宫叶满阶红不扫。
梨园弟子白发新，椒房阿监青娥老。
夕殿萤飞思悄然，孤灯挑尽未成眠。
迟迟钟鼓初长夜，耿耿星河欲曙天。
鸳鸯瓦冷霜华重，翡翠衾寒谁与共。
悠悠生死别经年，魂魄不曾来入梦。
临邛道士鸿都客，能以精诚致魂魄。
为感君王展转思，遂教方士殷勤觅。
排空驭气奔如电，升天入地求之遍。
上穷碧落下黄泉，两处茫茫皆不见。
忽闻海上有仙山，山在虚无缥缈间。
楼阁玲珑五云起，其中绰约多仙子。
中有一人字太真，雪肤花貌参差是。
金阙西厢叩玉扃，转教小玉报双成。
闻道汉家天子使，九华帐里梦魂惊。
揽衣推枕起徘徊，珠箔银屏逦迤开。
云鬓半偏新睡觉，花冠不整下堂来。
风吹仙袂飘飘举，犹似霓裳羽衣舞。
玉容寂寞泪阑干，梨花一枝春带雨。
含情凝睇谢君王，一别音容两渺茫。

昭阳殿里恩爱绝，蓬莱宫中日月长。
回头下望人寰处，不见长安见尘雾。
唯将旧物表深情，钿合金钗寄将去。
钗留一股合一扇，钗擘黄金合分钿。
但教心似金钿坚，天上人间会相见。
临别殷勤重寄词，词中有誓两心知。
七月七日长生殿，夜半无人私语时。
在天愿作比翼鸟，在地愿为连理枝。
天长地久有时尽，此恨绵绵无绝期。

观刈麦

田家少闲月，五月人倍忙。
夜来南风起，小麦覆陇黄。
妇姑荷箪食，童稚携壶浆。
相随饷田去，丁壮在南冈。
足蒸暑土气，背灼炎天光。
力尽不知热，但惜夏日长。
复有贫妇人，抱子在其傍。
右手秉遗穗，左臂悬弊筐。
听其相顾言，闻者为悲伤。
家田输税尽，拾此充饥肠。
今我何功德，曾不事农桑？

吏禄三百石，岁晏有余粮。

念此私自愧，尽日不能忘。

初授拾遗

奉诏登左掖，束带参朝议。

何言初命卑，且脱风尘吏。

杜甫陈子昂，才名括天地。

当时非不遇，尚无过斯位。

况予蹇薄者，宠至不自意。

惊近白日光，惭非青云器。

天子方从谏，朝廷无忌讳。

岂不思匪躬？适遇时无事。

受命已旬月，饱食随班次。

谏纸忽盈箱，对之终自愧。

新制布裘

桂布白似雪，吴绵软于云。

布重绵且厚，为裘有余温。

朝拥坐至暮，夜覆眠达晨。

谁知严冬月，支体暖如春。

中夕忽有念，抚裘起逡巡。

丈夫贵兼济，岂独善一身？

安得万里裘，盖裹周四垠？

稳暖皆如我，天下无寒人。

上阳白发人

天宝五载已后，杨贵妃专宠，后宫人无复进幸矣。六宫有美色者，辄置别所，上阳是其一也。贞元中尚存焉。

上阳人，红颜暗老白发新。

绿衣监使守宫门，一闭上阳多少春。

玄宗末岁初选入，入时十六今六十。

同时采择百余人，零落年深残此身。

忆昔吞悲别亲族，扶入车中不教哭。

皆云入内便承恩，脸似芙蓉胸似玉。

未容君王得见面，已被杨妃遥侧目。

妒令潜配上阳宫，一生遂向空房宿。

秋夜长，夜长无寐天不明。

耿耿残灯背壁影，萧萧暗雨打窗声。

春日迟，日迟独坐天难暮。

宫莺百啭愁厌闻，梁燕双栖老休妒。

莺归燕去长悄然，春往秋来不记年。

唯向深宫望明月，东西四五百回圆。

今日宫中年最老，大家遥赐尚书号。

小头鞋履窄衣裳，青黛点眉眉细长。

外人不见见应笑,天宝末年时世妆。

上阳人,苦最多。

少亦苦,老亦苦,少苦老苦两如何?

君不见昔时吕向《美人赋》,又不见今日上阳白发歌。

新丰折臂翁

新丰老翁八十八,头鬓眉须皆似雪。

玄孙扶向店前行,左臂凭肩右臂折。

问翁臂折来几年,兼问致折何因缘。

翁云贯属新丰县,生逢圣代无征战。

惯听梨园歌管声,不识旗枪与弓箭。

无何天宝大征兵,户有三丁点一丁。

点得驱将何处去?五月万里云南行。

闻道云南有泸水,椒花落时瘴烟起。

大军徒涉水如汤,未过十人二三死。

村南村北哭声哀,儿别爷娘夫别妻。

皆云前后征蛮者,千万人行无一回。

是时翁年二十四,兵部牒中有名字。

夜深不敢使人知,偷将大石锤折臂。

张弓簸旗俱不堪,从兹始免征云南。

骨碎筋伤非不苦,且图拣退归乡土。

此臂折来六十年,一肢虽废一身全。

至今风雨阴寒夜,直到天明痛不眠。

痛不眠,终不悔,且喜老身今独在。

不然当时泸水头,身死魂孤骨不收。

应作云南望乡鬼,万人冢上哭呦呦。

　　　老人言,君听取。

君不闻开元宰相宋开府,不赏边功防黩武。

又不闻天宝宰相杨国忠,欲求恩幸立边功。

　边功未立生人怨,请问新丰折臂翁。

道州民

道州民,多侏儒,长者不过三尺余。

市作矮奴年进送,号为道州任土贡。

　　　任土贡,宁若斯?

不闻使人生别离,老翁哭孙母哭儿。

一自阳城来守郡,不进矮奴频诏问。

城云臣按六典书,任土贡有不贡无。

道州水土所生者,只有矮民无矮奴。

吾君感悟玺书下,岁贡矮奴宜悉罢。

　　道州民,老者幼者何欣欣。

父兄子弟始相保,从此得作良人身。

道州民,民到于今受其赐,欲说使君先下泪。

仍恐儿孙忘使君,生男多以阳为字。

杜陵叟

杜陵叟，杜陵居，岁种薄田一顷余。
三月无雨旱风起，麦苗不秀多黄死。
九月降霜秋早寒，禾穗未熟皆青干。
长吏明知不申破，急敛暴征求考课。
典桑卖地纳官租，明年衣食将何如？
剥我身上帛，夺我口中粟。
虐人害物即豺狼，何必钩爪锯牙食人肉？
不知何人奏皇帝，帝心恻隐知人弊。
白麻纸上书德音，京畿尽放今年税。
昨日里胥方到门，手持敕牒榜乡村。
十家租税九家毕，虚受吾君蠲免恩。

卖炭翁

卖炭翁，伐薪烧炭南山中。
满面尘灰烟火色，两鬓苍苍十指黑。
卖炭得钱何所营？身上衣裳口中食。
可怜身上衣正单，心忧炭贱愿天寒。
夜来城外一尺雪，晓驾炭车辗冰辙。
牛困人饥日已高，市南门外泥中歇。
翩翩两骑来是谁？黄衣使者白衫儿。
手把文书口称敕，回车叱牛牵向北。

一车炭，千余斤，宫使驱将惜不得。
半匹红绡一丈绫，系向牛头充炭直。

盐商妇

盐商妇，多金帛，不事田农与蚕绩。
南北东西不失家，风水为乡船作宅。
本是扬州小家女，嫁得西江大商客。
绿鬟富去金钗多，皓腕肥来银钏窄。
前呼苍头后叱婢，问尔因何得如此？
婿作盐商十五年，不属州县属天子。
每年盐利入官时，少入官家多入私。
官家利薄私家厚，盐铁尚书远不知。
何况江头鱼米贱，红鲙黄橙香稻饭。
饱食浓妆倚柁楼，两朵红腮花欲绽。
　　盐商妇，有幸嫁盐商。
　　终朝美饭食，终岁好衣裳。
好衣美食来何处，亦须惭愧桑弘羊。
桑弘羊，死已久，不独汉时今亦有。

重赋

厚地植桑麻，所要济生民。
生民理布帛，所求活一身。

身外充征赋,上以奉君亲。
国家定两税,本意在忧人。
厥初防其淫,明敕内外臣。
税外加一物,皆以枉法论。
奈何岁月久,贪吏得因循。
浚我以求宠,敛索无冬春。
织绢未成匹,缲丝未盈斤。
里胥迫我纳,不许暂逡巡。
岁暮天地闭,阴风生破村。
夜深烟火尽,霰雪白纷纷。
幼者形不蔽,老者体无温。
悲端与寒气,并入鼻中辛。
昨日输残税,因窥官库门。
缯帛如山积,丝絮似云屯。
号为羡余物,随月献至尊。
夺我身上暖,买尔眼前恩。
进入琼林库,岁久化为尘。

伤宅

谁家起甲第,朱门大道边。
丰屋中栉比,高墙外回环。
累累六七堂,栋宇相连延。

一堂费百万,郁郁起青烟。

洞房温且清,寒暑不能忏。

高堂虚且迥,坐卧见南山。

绕廊紫藤架,夹砌红药栏。

攀枝摘樱桃,带花移牡丹。

主人此中坐,十载为大官。

厨有臭败肉,库有贯朽钱。

谁能将我语,问尔骨肉间。

岂无穷贱者,忍不救饥寒?

如何奉一身,直欲保千年?

不见马家宅,今作奉诚园。

歌舞

秦中岁云暮,大雪满皇州。

雪中退朝者,朱紫尽公侯。

贵有风雪兴,富无饥寒忧。

所营唯第宅,所务在追游。

朱轮车马客,红烛歌舞楼。

欢酣促密坐,醉暖脱重裘。

秋官为主人,廷尉居上头。

日中为一乐,夜半不能休。

岂知阌乡狱,中有冻死囚。

买花

帝城春欲暮，喧喧车马度。
共道牡丹时，相随买花去。
贵贱无常价，酬直看花数。
灼灼百朵红，戋戋五束素。
上张幄幕庇，旁织巴篱护。
水洒复泥封，移来色如故。
家家习为俗，人人迷不悟。
有一田舍翁，偶来买花处。
低头独长叹，此叹无人谕。
一丛深色花，十户中人赋。

酬元九对新栽竹有怀见寄

昔我十年前，与君始相识。
曾将秋竹竿，比君孤且直。
中心一以合，外事纷无极。
共保秋竹心，风霜侵不得。
始嫌梧桐树，秋至先改色。
不爱杨柳枝，春来软无力。
怜君别我后，见竹长相忆。
长欲在眼前，故栽庭户侧。
分首今何处？君南我在北。
吟我赠君诗，对之心恻恻。

村夜

霜草苍苍虫切切,村南村北行人绝。

独出前门望野田,月明荞麦花如雪。

采地黄者

麦死春不雨,禾损秋早霜。

岁晏无口食,田中采地黄。

采之将何用,持以易糇粮。

凌晨荷插去,薄暮不盈筐。

携来朱门家,卖与白面郎。

与君啖肥马,可使照地光。

愿易马残粟,救此苦饥肠。

村居苦寒

八年十二月,五日雪纷纷。

竹柏皆冻死,况彼无衣民。

回观村闾间,十室八九贫。

北风利如剑,布絮不蔽身。

唯烧蒿棘火,愁坐夜待晨。

乃知大寒岁,农者尤苦辛。

顾我当此日,草堂深掩门。

褐裘覆绨被,坐卧有余温。

幸免饥冻苦，又无垄亩勤。

念彼深可愧，自问是何人？

蓝桥驿见元九诗

蓝桥春雪君归日，秦岭秋风我去时。

每到驿亭先下马，循墙绕柱觅君诗。

舟中读元九诗

把君诗卷灯前读，诗尽灯残天未明。

眼痛灭灯犹暗坐，逆风吹浪打船声。

夜雪

已讶衾枕冷，复见窗户明。

夜深知雪重，时闻折竹声。

读李杜诗集因题卷后

翰林江左日，员外剑南时。

不得高官职，仍逢苦乱离。

暮年逋客恨，浮世谪仙悲。

吟咏留千古，声名动四夷。

文场供秀句，乐府待新辞。

天意君须会，人间要好诗。

访陶公旧宅并序

予凤慕陶渊明为人,往岁渭川闲居,尝有《效陶体诗》十六首。今游庐山,经柴桑,过栗里,思其人,访其宅,不能默默。又题此诗云。

垢尘不污玉,灵凤不啄膻。
呜呼陶靖节,生彼晋宋间。
心实有所守,口终不能言。
永惟孤竹子,拂衣首阳山。
夷齐各一身,穷饿未为难。
先生有五男,与之同饥寒。
肠中食不充,身上衣不完。
连征竟不起,斯可谓真贤。
我生君之后,相去五百年。
每读《五柳传》,目想心拳拳。
昔常咏遗风,著为十六篇。
今来访故宅,森若君在前。
不慕樽有酒,不慕琴无弦。
慕君遗荣利,老死在丘园。
柴桑古村落,栗里旧山川。
不见篱下菊,但余墟中烟。
子孙虽无闻,族氏犹未迁。
每逢姓陶人,使我心依然。

琵琶行并序

元和十年，予左迁九江郡司马。明年秋，送客湓浦口，闻舟船中夜弹琵琶者。听其音，铮铮然有京都声。问其人，本长安倡女，尝学琵琶于穆、曹二善才。年长色衰，委身为贾人妇。遂命酒，使快弹数曲。曲罢，悯默，自叙少小时欢乐事，今漂沦憔悴，转徙于江湖间。予出官二年，恬然自安。感斯人言，是夕始觉有迁谪意。因为长句，歌以赠之。凡六百一十二言，命曰《琵琶行》。

浔阳江头夜送客，枫叶荻花秋瑟瑟。
主人下马客在船，举酒欲饮无管弦。
醉不成欢惨将别，别时茫茫江浸月。
忽闻水上琵琶声，主人忘归客不发。
寻声暗问弹者谁，琵琶声停欲语迟。
移船相近邀相见，添酒回灯重开宴。
千呼万唤始出来，犹抱琵琶半遮面。
转轴拨弦三两声，未成曲调先有情。
弦弦掩抑声声思，似诉平生不得志。
低眉信手续续弹，说尽心中无限事。
轻拢慢捻抹复挑，初为《霓裳》后《六幺》。
大弦嘈嘈如急雨，小弦切切如私语。
嘈嘈切切错杂弹，大珠小珠落玉盘。
间关莺语花底滑，幽咽泉流冰下难。
冰泉冷涩弦凝绝，凝绝不通声暂歇。

别有幽愁暗恨生,此时无声胜有声。
银瓶乍破水浆迸,铁骑突出刀枪鸣。
曲终收拨当心画,四弦一声如裂帛。
东船西舫悄无言,唯见江心秋月白。
沉吟放拨插弦中,整顿衣裳起敛容。
自言本是京城女,家在虾蟆陵下住。
十三学得琵琶成,名属教坊第一部。
曲罢曾教善才伏,妆成每被秋娘妒。
五陵年少争缠头,一曲红绡不知数。
钿头云篦击节碎,血色罗裙翻酒污。
今年欢笑复明年,秋月春风等闲度。
弟走从军阿姨死,暮去朝来颜色故。
门前冷落鞍马稀,老大嫁作商人妇。
商人重利轻别离,前月浮梁买茶去。
去来江口守空船,绕船月明江水寒。
夜深忽梦少年事,梦啼妆泪红阑干。
我闻琵琶已叹息,又闻此语重唧唧。
同是天涯沦落人,相逢何必曾相识。
我从去年辞帝京,谪居卧病浔阳城。
浔阳地僻无音乐,终岁不闻丝竹声。
住近湓江地低湿,黄芦苦竹绕宅生。
其间旦暮闻何物,杜鹃啼血猿哀鸣。
春江花朝秋月夜,往往取酒还独倾。

岂无山歌与村笛，呕哑嘲哳难为听。

今夜闻君琵琶语，如听仙乐耳暂明。

莫辞更坐弹一曲，为君翻作《琵琶行》。

感我此言良久立，却坐促弦弦转急。

凄凄不似向前声，满座重闻皆掩泣。

座中泣下谁最多？江州司马青衫湿。

题浔阳楼

常爱陶彭泽，文思何高玄。

又怪韦江州，诗情亦清闲。

今朝登此楼，有以知其然。

大江寒见底，匡山青倚天。

深夜溢浦月，平旦炉峰烟。

清辉与灵气，日夕供文篇。

我无二人才，孰为来其间？

因高偶成句，俯仰愧江山。

香炉峰下新卜山居，草堂初成，偶题东壁

五架三间新草堂，石阶桂柱竹编墙。

南檐纳日冬天暖，北户迎风夏月凉。

洒砌飞泉才有点，拂窗斜竹不成行。

来春更葺东厢屋，纸阁芦帘著孟光。

大林寺桃花

人间四月芳菲尽,山寺桃花始盛开。

长恨春归无觅处,不知转入此中来。

遗爱寺

弄石临溪坐,寻花绕寺行。

时时闻鸟语,处处是泉声。

问刘十九

绿蚁新醅酒,红泥小火炉。

晚来天欲雪,能饮一杯无?

得行简书,闻欲下峡,先以此寄

朝来又得东川信,欲取春初发梓州。

书报九江闻暂喜,路经三峡想还愁。

潇湘瘴雾加餐饭,滟滪惊波稳泊舟。

欲寄两行迎尔泪,长江不肯向西流。

暮江吟

一道残阳铺水中,半江瑟瑟半江红。

可怜九月初三夜,露似真珠月似弓。

立春后五日

立春后五日,春态纷婀娜。
白日斜渐长,碧云低欲堕。
残冰坼玉片,新萼排红颗。
遇物尽欣欣,爱春非独我。
迎芳后园立,就暖前檐坐。
还有惆怅心,欲别红炉火。

余杭形胜

余杭形胜四方无,州傍青山县枕湖。
绕郭荷花三十里,拂城松树一千株。
梦儿亭古传名谢,教妓楼新道姓苏。
独有使君年太老,风光不称白髭须。

早兴

晨光出照屋梁明,初打开门鼓一声。
犬上阶眠知地湿,鸟临窗语报天晴。
半销宿酒头仍重,新脱冬衣体乍轻。
睡觉心空思想尽,近来乡梦不多成。

钱塘湖春行

孤山寺北贾亭西,水面初平云脚低。
几处早莺争暖树,谁家新燕啄春泥?
乱花渐欲迷人眼,浅草才能没马蹄。
最爱湖东行不足,绿杨阴里白沙堤。

杭州春望

望海楼明照曙霞,护江堤白蹋晴沙。
涛声夜入伍员庙,柳色春藏苏小家。
红袖织绫夸柿蒂,青旗沽酒趁梨花。
谁开湖寺西南路,草绿裙腰一道斜。

春题湖上

湖上春来似画图,乱峰围绕水平铺。
松排山面千重翠,月点波心一颗珠。
碧毯线头抽早稻,青罗裙带展新蒲。
未能抛得杭州去,一半勾留是此湖。

梦行简

天气妍和水色鲜,闲吟独步小桥边。
池塘草绿无佳句,虚卧春窗梦阿连。

履道春居

微雨洒园林,新晴好一寻。
低风洗池面,斜日坼花心。
暝助岚阴重,春添水色深。
不如陶省事,犹抱有弦琴。

岁暮

惨澹岁云暮,穷阴动经旬。
霜风裂人面,冰雪摧车轮。
而我当是时,独不知苦辛。
晨炊廪有米,夕爨厨有薪。
夹帽长覆耳,重裘宽裹身。
加之一杯酒,煦妪如阳春。
洛城士与庶,比屋多饥贫。
何处炉有火,谁家甑无尘?
如我饱暖者,百人无一人。
安得不惭愧,放歌聊自陈。

与梦得沽酒闲饮且约后期

少时犹不忧生计,老后谁能惜酒钱?
共把十千沽一斗,相看七十欠三年。
闲征雅令穷经史,醉听清吟胜管弦。
更待菊黄家酝熟,共君一醉一陶然。

达哉乐天行

达哉达哉白乐天,分司东都十三年。
七旬才满冠已挂,半禄半及车先悬。
或伴游客春行乐,或随山僧夜坐禅。
二年忘却问家事,门庭多草厨少烟。
庖童朝告盐米尽,侍婢暮诉衣裳穿。
妻孥不悦甥侄闷,而我醉卧方陶然。
起来与尔画生计,薄产处置有后先。
先卖南坊十亩园,次卖东郭五顷田。
然后兼卖所居宅,仿佛获缗二三千。
半与尔充衣食费,半与吾供酒肉钱。
吾今已年七十一,眼昏须白头风眩。
但恐此钱用不尽,即先朝露归夜泉。
未归且住亦不恶,饥餐乐饮安稳眠。
死生无可无不可,达哉达哉白乐天!